RENATE STRANG

Von Einhörnern, Drachen und Reisen durch die Zeit

BEGEGNUNGEN MIT NATURGEISTERN, LICHTWESEN UND VERSUNKENEN KULTUREN

**„Es gibt mehr Ding' im Himmel
und auf Erden,
als Eure Schulweisheit sich träumt ..."**

William Shakespeare (1564-1616)

Renate Strang

Von Einhörnern, Drachen und Reisen durch die Zeit

Begegnungen mit Naturgeistern, Lichtwesen und versunkenen Kulturen

Bibliografische Information der Deutschen Nationalbibliothek:
Die Deutsche Nationalbibliothek verzeichnet diese Publikation in der
Deutschen Nationalbibliografie; detaillierte bibliografische Daten
sind im Internet über http://dnb.dnb.de abrufbar.

Text und Design: Renate Strang

© 2019
Herstellung und Verlag: BoD – Books on Demand, Norderstedt.
ISBN: 9783748138532

Inhalt

Einführung

Einhörner, die durch die Wälder streifen, Drachen, die Feuer speien, Trolle, die Bäumen zur Seite stehen, sind das nicht alles Gestalten aus der Welt der Märchen und Legenden? Das habe ich früher auch gedacht, doch dann wurde ich eines Besseren belehrt. Alle diese Geschöpfe, die wir in das Reich der Fabelwesen verbannen, gab und gibt es wirklich. Meine Behauptung erfordert natürlich eine Begründung.

Es begann damit, dass mir eine hellsichtige Freundin auf meinen Fotos Elfen zeigte, die ich fotografiert hatte. Ich war fassungslos. Mein wissenschaftlich geprägtes Weltbild brach zusammen wie ein Kartenhaus und wurde durch eine Sichtweise ersetzt, in der Naturwesen einen festen Platz haben. Diese neue Weltanschauung wurde gefestigt, als ich anfing, Elfen und andere Naturwesen nicht nur auf meinen Fotos, sondern auch in meiner Umwelt zu sehen.

Ich habe in der Folgezeit versucht, Informationen über das Leben und Wirken der Naturwesen zu sammeln, aber das ist schwierig, weil das meiste Wissen mit der Christianisierung verlorengegangen ist. Verlässliche Quellen sind selten.

Als ich meine Recherchen über Naturwesen frustriert aufgeben wollte, griff die Geistige Welt ein und machte mir ein ganz besonderes Geschenk: Ich erhielt die Erkenntnis, dass ich ein Trance-Medium bin.

Ich kann in der Trance meine Welt verlassen und in die Anderswelt zu reisen, die Welt der Naturwesen, Engel, Götter und vieler anderer Wesenheiten. Auf meinen Andersweltreisen bin ich zu Gast bei den unterschiedlichsten Bewohnern. Sie erzählen mir von sich, ihren Aufgaben und ihren Gedanken über die Menschen. Ich habe auf den Reisen viele Völker und Wesen kennengelernt, von denen ich noch nie gehört hatte. Das ist besonders spannend.

Weitere Gastgeber in der Anderswelt sind Bewohner unterge-
gangener Zivilisationen. Die Anderswelt bewahrt alles, was in
der Vergangenheit geschehen ist, und es ist möglich, dort
durch die Zeit zu reisen und zum Beispiel Lemuria oder Atlantis zu besuchen. Die Besuche in alten Kulturen sind für mich
immer hochinteressant und lehrreich.

Die Heimat der Natur- und Lichtwesen ist unserer Welt
recht nahe. Sie befindet sich eine oder mehrere Dimensionen
über uns. Stellen Sie sich die Welt wie eine Zwiebel vor. Eine
Zwiebel hat viele Schichten, die durch dünne Zwiebelhäute
verbunden sind. So ist auch unsere Welt aufgebaut. Jede Zwie-
belschicht ist eine Dimension, die untereinander unsichtbar
verbunden sind. Die Erde befindet sich noch in einer Dimension nahe der Mitte, darüber ist die Anderswelt, in der die Naturwesen leben. Sie können durch Tore zu uns gelangen, aber
der Weg in die oberen Dimensionen ist den meisten Menschen
versperrt. In der Dimension über der Anderswelt leben Wesen
wie Feen und Einhörner und so geht es immer weiter in der
Hierarchie, bis man ganz oben bei den höchsten Göttern angekommen ist.

In der Trance bin ich mit meinem Bewusstsein in der Anderswelt, während mein Körper in der „normalen" Welt weilt.
Ich sehe meine Umgebung und die Gastgeber sprechen durch
mich. Ich schildere meine Eindrücke und Gespräche mit lauten
Worten. Ein Diktiergerät speichert alles, was ich sage. Im An-
schluss tippe ich die Protokolle und bearbeite sie sprachlich,
aber nicht inhaltlich. Lediglich Passagen, die mich persönlich
betreffen, entferne ich.

Es gibt während meiner Reisen drei Arten von Redebeiträgen:
- Meine Eindrücke, die ich mit meinen eigenen Worten
  schildere.
- Kommentare, die mir von der Geistigen Welt eingege-
  ben werden.

- Die Beiträge meiner Gastgeber. Sie sprechen durch mich, was man auf den Mitschnitten deutlich an verschiedenen Stimmlagen erkennen kann. Darüber hinaus benutzen sie gelegentlich Worte und Redewendungen, die nicht Teil meines Sprachgebrauchs sind.

Meine Reisen in die Anderswelt wären ohne meine Freunde und Beschützer, die ich meistens zu Beginn der Reise treffe, nicht möglich. Manche Reisen sind gefährlich, denn es gibt dunkle Mächte, die meine Berichte verhindern möchten, aber bis jetzt ist es ihnen dank meiner Freunde nicht gelungen, mich aufzuhalten.

Meine Freunde und Begleiter sind:
Lillie, meine Elfenschwester, mit der ich seit meinem ersten Leben auf der Erde verbunden bin.
Kalaya, meine Begleiterin aus dem Feenreich.
Chowei, die Priesterin, die mir von der Göttin Isis als Lehrerin zur Seite gestellt wurde.
Sternchen, mein Hauptschutzengel.
Merlin, der Magier, mit dem mich seit Jahrhunderten eine tiefe Freundschaft verbindet.
El Morya, der schweigsame Freund und Kämpfer, dem ich in einem früheren Leben bereits begegnet bin.
Karl, der Elb, ein Lehrer und Beschützer.
Mein Illumant – ein Wesen, das mir spirituelles Wissen vermittelt.
Brummel, der Bär – mein Krafttier.
Brummeline, die Partnerin meines Brummel. Sie ist spät zu uns gestoßen.
Sturmwind, das Einhorn, das ebenfalls spät in meinen Freundeskreis gekommen ist.

Am Beginn einer Reise weiß ich nicht, wer mich auf der anderen Seite als Gastgeber erwartet. Bei den ersten Reisen bin ich meistens durch einen Tunnel in die Anderswelt gelangt, aber das ist im Laufe der Zeit zu gefährlich geworden, denn es gibt starke Kräfte, die verhindern möchten, dass ich von meinen Begegnungen berichte.

Seitdem werde ich abgeholt, häufig sind es ein Pegasus, Einhörner, ein Pferdegespann oder eine fliegende Schale. Die Anderswelt ist sehr kreativ, wenn es darum geht, mich an meinen Feinden vorbei zu meinen Gastgebern zu bringen. Zeit und Entfernung spielen dabei keine Rolle. Große Distanzen lassen sich in kürzester Zeit überbrücken, selbst, wenn das Reiseziel viele Lichtjahre entfernt liegt.

Die folgenden Kapitel enthalten die chronologisch geordneten Protokolle meiner Reisen zu Natur- und Lichtwesen und zu untergegangenen Kulturen. Die Berichte schließen an die Reisen an, die ich bereits in den Büchern „Elfen, Götter, Feuergeister" und „Götter, Engel, Lichtgestalten" veröffentlicht habe.

In den einzelnen Kapiteln sind die Aussagen meiner Gesprächspartner fett gedruckt, damit sie schnell wiederzufinden sind.

Eiswesen ~ Hilferuf aus der Kälte

Meine Reise in die Anderswelt beginnt auf dem grasbewachsenen Platz vor dem Tunneleingang. Der Eingang ist halbrund wie bei einem Bergwerksstollen. Davor liegt ein Geschenk, das ich mitnehmen soll. Es ist ein kleiner, in goldenes Papier verpackter Karton mit einer hübschen weißen Schleife.

Ich nehme das Präsent und betrete den Tunnel. Der Gang ist durch Bergkristalle hell erleuchtet und führt mich in die Tiefe. Die Wände sind nicht glatt, sondern man sieht die Form der Kristalle. Das ist schön, weil sich das Licht darin bricht und funkelt. Vor mir ist eine Kurve, ich werde vorsichtig, denn hinter Kurven wurde ich schon mehrmals überfallen. Nichts passiert, nur der Bergkristall wird von grünen Steinen abgelöst, es könnten Smaragde sein. Vor mir ist wieder eine Kurve, danach sind die Steine rubinrot.

Immer tiefer geht es hinab, plötzlich sind die Steine schwarz wie Obsidian. Der Weg ist dunkel. „Fürchte dich nicht", höre ich eine Stimme. Ich gehe weiter und erreiche einen Lichttunnel, er ist Lapislazuli-Blau. Endlich sehe ich den Ausgang und verlasse die Höhle.

Ich bin auf einer Wiese mit wunderschönen Blumen, Bienen summen, Schmetterlinge flattern von Blüte zu Blüte. Es ist herrlich hier!

Meine Elfenschwester Lillie steht neben mir und nimmt mich in die Arme. „Ich begrüße dich heute als erste, die anderen kommen gleich." Die Fee Kalaya ist die nächste, auch sie umarmt mich. Nach und nach trudeln die anderen ein: Brummel, mein Schutzengel, El Morya, Merlin und zum Schluss Chowei. Wir sind komplett. „Wisst ihr, wo es hingeht?", möchte ich wissen.

„Wir haben keine Ahnung", antworten meine Freunde.

Die Blumenwiese ist wunderschön und einladend. „Gibt es in der Geistigen Welt Zecken?", frage ich.

Meine Freunde lachen. „Du weißt, dass es auch hier das Böse gibt und wir mit gefährlichen Tieren kämpfen müssen, aber Zecken haben wir nicht."

„Dann kann ich mich ja ins Gras setzen", antworte ich erfreut.

Wir alle lassen uns zwischen den Blumen und Schmetterlingen nieder und bilden dabei einen Kreis. Plötzlich löst sich der Kreis aus dem Erdreich und schwebt mit uns davon. Wir fliegen über die Erde, aber es ist nicht die Erde, die ich kenne, sondern die Erde, wie sie sein könnte – ein Miteinander von Natur und Mensch, kein Gegeneinander wie heute. Alles ist im Einklang. Die Bauten sind im Einklang mit der Natur, die Natur gibt gern, wenn die Bauten sich einfügen. Es gibt auch ein bisschen Industrie, aber vor allem Felder, auf denen Nahrung wächst. Die Ähren wiegen sich im Wind. So harmonisch könnte es auf der Erde sein, aber dafür brauchen wir weniger Menschen. Der Planet ist überbevölkert!

Wir erreichen ein hohes Gebirge, das von Schnee und Eis bedeckt ist. Ich habe das Gefühl, dass wir nach Shambhala[1] fliegen. Ich weiß darüber nur, dass dort die Weiße Bruderschaft wohnen soll.

„Es gibt keine Weiße Bruderschaft, wie ihr sie euch vorstellt, aber warte ab", sagen meine Begleiter.

In diesem Land aus Eis und Schnee wirkt unsere Scheibe mit den Blumen wie aus einer anderen Welt. Als wir landen, frieren die Blumen. Die Scheibe hebt deshalb wieder ab, nachdem wir sie verlassen haben, und fliegt zur Sonne, wo es wärmer ist. „Wir holen euch nachher ab", rufen uns die Blumen zu.

In unserer dünnen Sommerkleidung stehen wir mitten im Eis und warten. Etwas kommt auf uns zu. Das Wesen ist aus Schnee und Eis wie die ganze Gegend und man muss genau hinsehen, um es zu erkennen. Es verbeugt sich vor uns. Eis und Schnee verbeugen sich, das habe ich noch nie gesehen. Das Wesen lacht.

„Ich bin ein Eismensch."

„Ein Eismensch?", frage ich erstaunt, „bist du ein Mensch oder ein Wesen?"

„Die Entscheidung überlasse ich dir. Ich sage, ich bin ein Eismensch. Jetzt folgt mir bitte."

Wie er vor uns geht, sieht er aus wie ein Gletscher, der sich bewegen kann. Er führt uns zu einem richtigen Gletscher. Eine Tür öffnet sich und wir betreten einen Saal aus Eis, in dem selbst die Tische und Stühle aus Eis bestehen. Es sieht aus wie in einem Eishotel.

Der Eismensch lacht. „Die Eishotels versuchen uns nachzuahmen, aber wir sind das Original. Ich sehe, dass euch kalt ist. Für Besucher, die selten sind, haben wir warme Sachen."

Er greift hinter sich und reicht uns Pelze und warme Decken. Eigentlich mag ich keine Pelze, aber in dieser Umgebung ist nichts dagegen einzuwenden.

„Nehmt Platz", sagt er.

Wir setzen uns auf die eisigen Stühle und hüllen uns in die Pelze und Decken. Es ist nicht gemütlich, aber man kann es aushalten.

Auf einmal stehen Gläser vor uns. Bei den eisigen Temperaturen müsste der Inhalt gefrieren, aber die Getränke bleiben flüssig.

„Wir haben unsere Geheimnisse", lächelt er. „Bitte, steht auf, der König kommt."

Vor uns erscheint eine faszinierende Gestalt, die aussieht wie aus Eis gemeißelt. Der König hat wunderschöne Gesichtszüge und trägt eine Krone aus Eis. Er bewegt sich so geschmeidig, als ob das Eis flüssig sei. So etwas habe ich noch nie gesehen.

„Wir sind aus Eis, aber wir können das Eis verflüssigen, sodass wir unseren Geschäften nachgehen können. Nehmt wieder Platz."

„Ich bin der König der Eismenschen. Ihr habt noch nie von uns gehört?"

„Nein, ich dachte, wir sind in Shambhala", antworte ich.

„Dies ist nicht Shambhala. Den Ort gibt es nicht so, wie du davon gelesen hast, aber das ist ein anderes Thema. Ihr seid im Reich der Eismenschen oder Eiswesen oder Eisgeister, wie immer du es nennen magst."

„Ich habe noch nie von Eismenschen gehört."

„Wir sind unbekannt, weil die Legenden nicht von uns berichten. Man muss hoch in den Norden oder tief in den Süden, hoch in die Alpen, die Anden oder den Himalaya reisen, um uns zu treffen. Wir sind da, wo das natürliche Eis ist."

„Die wenigsten sehen und hören uns, auch wenn wir sie ansprechen. Ich bin froh, dass du mit deinen Begleitern gekommen bist, ihr seid uns willkommen. Ich möchte dringend mit dir reden."

„Wir Eismenschen leben vom und auf dem Eis. Wir können ohne Eis nicht existieren. Der Klimawandel tötet uns. Das Eis schmilzt, unser Lebensraum wird immer kleiner."

„Auch wir sind Kinder des Göttlichen und haben das gleiche Recht zu leben wie ihr. Aber ihr zerstört unseren Lebensraum, unsere Umwelt. Ich bitte euch von Herzen, hört damit auf, damit wir eine Überlebenschance haben."

„Wir sind wichtig für diesen Planeten! Wir haben Wasser in Eis verwandelt, um das Gleichgewicht zwischen Land und Wasser zu halten, aber wir können es nicht mehr, weil ihr die Atmosphäre verändert. Wir können es bei normalem Wetter, aber nicht beim von Menschen verursachten Klimawandel. Ihr sägt an dem Ast, auf dem ihr sitzt. Wenn ihr so weitermacht, können wir das Wasser nicht mehr halten. Wir haben nicht die Kraft, die schmelzenden Wassermassen wieder in Eis zu verwandeln. Alles schmilzt und wir verlieren unseren Lebensraum und müssen weichen. Wir sterben nicht aus, sondern gehen in die Anderswelt. Aber wir wollen es nicht, es ist unser Planet, es ist unsere Aufgabe."

„Ihr zerstört eure Erde, euren Lebensraum, unseren Lebensraum und den vieler anderer Wesen, die auf die

Erde kommen, um dort zu leben. Merkt ihr nicht, was ihr euch antut und damit allen Lebewesen dieser Erde – von der kleinsten Mücke bis zum größten Elefanten? Seid ihr wirklich so blind?"

„Ich kann nur an euch appellieren: Hört auf damit! Seht nicht nur auf die Wirtschaft und Gewinne. Verteilt was ihr habt an alle und alle können glücklich sein."

„Ich habe die Bitte: Hört auf, euch wie die Kaninchen zu vermehren. Die Erde braucht weniger Menschen. Praktiziert endlich Geburtenkontrolle und hört nicht auf eure Politiker, die sagen, ihr müsst mehr Kinder bekommen, damit die Wirtschaft genügend Arbeitskräfte hat. Alles Blödsinn, ihr braucht die Wirtschaft nicht. Ihr könnt auch mit weniger leben und genauso glücklich sein."

„Ihr hetzt dem Geld hinterher, um euch das neueste I-Phone, das neueste TV-Gerät oder was weiß ich zu kaufen und vergesst dabei, dass das Streben nach Eigentum nicht der Sinn des Lebens ist. Werdet wieder spiritueller, auch das ist gut für die Erde. Je spiritueller die Menschen sind, desto weniger werden sie der Erde schaden und desto mehr Überlebenschancen haben wir."

„Der Klimawandel ist momentan mit menschlichen Mitteln nicht rückgängig zu machen, aber er kann gestoppt werden. Dafür müssen sich die Länder der Welt zusammentun. Die Reichen müssen den Armen geben und die Armen müssen aufhören, sich ungehemmt zu vermehren. Man muss nicht sieben, acht Kinder haben, wenn man nichts hat. Es reichen zwei. Das sollen sich alle zu Herzen nehmen: Es reichen zwei Kinder. Wenn ihr mehr haben wollt, müssen sie aus Liebe gezeugt werden und nicht aus Zufall. Ihr sollt nicht abtreiben, sondern beim Sex besser aufpassen. Ihr sollt verhüten, das hat schon Jesus gesagt, damit die Erde nicht überbevölkert wird.

„Wir Eismenschen haben Angst um unser Leben auf der Erde. Die Menschen sind die einzigen, die uns retten können. Wir sind gern auf der Erde, wir nehmen unsere Aufgabe gern wahr, aber wir schaffen sie nicht mehr. Wenn ihr nicht aufhört, das Klima zu verändern, werden wir die Erde verlassen und keiner wird das Eis mehr halten. Es wird schmelzen, die Küstenregionen werden überfluten und Inseln untergehen – ein Schritt mehr zur Übernahme der Erde durch die Außerirdischen. Wollt ihr es so weit kommen lassen? Ich denke nicht und deshalb trage meine Botschaft zu den Menschen. Sie werden sagen, das haben wir schon oft von dir gehört, aber sie können es nicht oft genug hören, bis es sich in ihren Schädeln einbrennt und sie wissen, was gut und schlecht für sie ist."

„Darf ich euch etwas anbieten?"

„Lieber Eismensch, wir haben noch unser Getränk. Entschuldige bitte, dass wir es noch nicht probiert haben."

Ich setze mein Glas an die Lippen. Die Flüssigkeit ist warm und schmeckt angenehm nach Frucht.

„Auch im Eis wachsen Fruchtbäume, man muss nur wissen, wie man sie behandelt, damit es ihnen gut geht. Wir können das, denn wir leben mit dem Eis. Wir sind das Eis."

„Ihr Menschen könnt im Eis keine Früchte ziehen, aber ihr habt genug andere Flächen, auf denen ihr Obst anpflanzen könnt. Auch wir lieben Obst und haben deshalb unsere Eisbäumchen. Du kannst dir beim nächsten Mal gern alles anschauen. Hier ist es spannend und anders als bei euch. Ich würde mich freuen, wenn du noch einmal zurückkommst. Wir erwarten dich. Doch jetzt verabschiede ich dich. Es war eine spannende Stunde mit dir. Ich wünsche dir weiterhin alles Gute."

Er steht auf, dreht sich um und geht mit seinem Gefolge. Ich bin erschöpft von dem, was ich gesehen und gehört habe und froh, wenn ich zurück in meine Welt kann.

Die Blumenscheibe holt uns ab. Wir steigen auf und sie fliegt davon.

„Halt, wir müssen noch einmal zurück, ich habe das Geschenk vergessen", rufe ich.

Die Scheibe dreht um und landet wieder auf dem Eis. Der König ist noch da und unterhält sich mit ein paar Eismenschen. Er schaut verwundert, weil wir zurückkommen.

„Majestät, ich habe vergessen, Ihnen Ihr Geschenk zu überreichen", entschuldige ich mich.

"Ich habe mich schon gefragt, warum du es wieder mitnimmst", lacht er herzhaft. Er nimmt den Karton entgegen, öffnet die Schleife, das Papier und hebt den Deckel. Heraus springt – ein Clown, der dank einer Sprungfeder hüpfen kann.

Der König und sein Volk amüsieren sich köstlich.

„Wir haben gerade von Kindern gesprochen. Das ist es, was ihr machen sollt: Kindern Freude bereiten – so wie wir unseren Kindern gleich eine Freude machen werden. Danke für das schöne Geschenk."

Wir verbeugen uns voreinander und verabschieden uns offiziell und sehr höflich.

Wieder besteige ich die Plattform, sie hebt ab, dreht sich ein wenig und saust zurück zu meinem Startplatz.

„Ich bin so froh, dass ihr alle mitgekommen seid", wende ich mich an meine Begleiter, „damit ich nicht als Spinner dastehe, wenn ich das veröffentliche."

Sie lachen herzhaft. „Du bist kein Spinner, du bist eine wunderbare Freundin."

Das geht runter wie Öl. Wir verabschieden uns herzlich und ich komme zurück in meine Welt …

Bei den Weißen Licht-Einhörnern

Der Eingang des Tunnels ist von Rosen umkränzt. Eine Schachtel in goldenem Papier liegt davor, das Geschenk für meine Gastgeber. Ich nehme das Geschenk und gehe in den Tunnel. Der Gang strahlt in hellem weißem Licht, aus den Wänden wachsen rote Rosen – ein Augenschmaus. Ich wandele durch die Galerie aus Rosen und es werden immer mehr, sie treiben aus den Seitenwänden und der Decke. Der Weg besteht aus dunklem Kies, er sieht aus wie Schneeflockenobsidian und knirscht unter meinen Füßen.

Ich nähere mich einer Kurve, aber ich glaube nicht, dass mir in diesem herrlichen Tunnel etwas passieren kann. Hinter der Kurve wachsen aus den Wänden Kornblumen. Prachtvoll! Die Natur ist so vielfältig! Ich gehe um eine weitere Kurve und sehe grüne Blumen. Die Blüten fallen kaum auf im Blattgrün. Ich atme tief ein. Ich bin in einer grünen Oase. Ich könnte hier verweilen, aber ich muss weiter, ich werde erwartet.

Nach der nächsten Biegung umgeben mich purpurfarbene Blumen. Ich liebe diese Farbe. Schon wieder erreiche ich eine Kurve und bin in einem Meer von gelben Blüten. Zauberhaft. Ich erlebe heute ein Blumen- und Farbwunder. Da ist die nächste Kurve, was erwartet mich dahinter? Im weißen Licht blühen schwarze Blumen. Sie sind selten. Ich erreiche den Ausgang und vor mir erstreckt sich eine blumenübersäte Wiese. Meine Freunde sind schon da. Wir umarmen uns und begrüßen uns herzlich.

Sie nehmen mich an die Hände. Die Männer gehen rechts, die Frauen links. Heute sind Merlin, El Morya, Karl, Kalaya, Lillie und Chowei bei mir, hinter uns trottet Brummel und mein Schutzengel fliegt als Schlusslicht. Die Blumen duften nach Sommer, überall sind Schmetterlinge, Bienen und Insekten. Der Nektar ist ein Schmaus für die Tiere!

Aus dem Nichts taucht eine Hütte vor uns auf. Sie ist rund und erinnert mich an die Hütten der alten Stämme Afrikas. Sie ist aus Holzbohlen errichtet, hat ein rundes Dach und keine Fenster. Sie wirkt ursprünglich und passt zu dieser Wiese. Ich finde, sie sieht gemütlich aus und bin gespannt, wer uns erwartet.

Eine Wand ist offen, sodass man die Hütte betreten kann. Sie ist viel geräumiger, als sie von außen wirkt und prunkvoll eingerichtet. An den Wänden hängen Felle, das wundert mich, denn das habe ich in der Anderswelt noch nie gesehen. Geparden, Leoparden, Antilopen … Ich sehe auch Geweihe. Ich mag die Dekoration nicht.

„Gut!" Auf einmal steht ein Mann in der Mitte, er ist in Sackleinen gekleidet. „Ich bin der Pförtner zu einer Welt, in die du eingeladen bist. Ich habe bemerkt, dass dir die Tierfelle und Geweihe nicht gefallen. Ich hatte gedacht, die Menschen mögen so etwas, aber du scheinst anders zu sein." Schwupps sind sie weg, stattdessen blühen rundum Blumen. Prachtvoll.

„Aber du isst Tiere", fährt er fort.

„Ich esse Tiere, weil Mutter Erde sie auf den Speiseplan der Menschen gesetzt hat. Aber ich versuche, wenig Fleisch zu essen und möglichst von Tieren, die nicht aus Mastbetrieben kommen, sondern artgerecht gehalten wurden."

„Ich verstehe, du gibst dir zumindest Mühe. Das wird anerkannt. Die Blumen gefallen dir?"

„Ich liebe Blumen. Ich liebe eigentlich alles, was Mutter Erde uns schenkt."

„Das ist schön. Folgt mir, ihr seid herzlich willkommen."

Wir verlassen die Hütte, dahinter steht ein prachtvoller Palast aus weißem Marmor, zierlich und doch kraftvoll. Wer mag da wohl wohnen?

„Du wirst es gleich wissen."

Wir folgen dem Pförtner über eine Brücke, die für uns herabgelassen wurde, und betreten den Palastbereich. Ich sehe Einhörner in den Ställen, auch in der Mitte des Palastplatzes steht ein Einhorn. Bin ich heute Gast der Einhörner?

„So ist es!" Das Einhorn kommt auf mich zu und verbeugt sich. „Ich begrüße dich, wir haben uns schon öfter gesehen."

„Du bist Sturmwind!", sage ich erfreut.

„Richtig! Ich bin abgeordnet, euch zu begleiten. Folgt mir."

Der Pförtner bleibt zurück und wir folgen Sturmwind. Er trabt vor uns elegant über den Palasthof. Ist das schön hier, solch eine Ruhe, solch eine positive Energie! Sie tut mir gut.

Wir betreten einen Garten. Überall liegen Heu- und Strohballen, von denen sich die Einhörner bedienen können, die keine Lust auf Grün haben. Auch sie brauchen Abwechslung. Jetzt sehe ich das Haupteinhorn, Chef der Einhörner, Rudelführer oder König … Ich weiß nicht, wie es sich nennt. Wir verneigen uns vor dem edlen Tier, auch unser Sturmwind verneigt sich.

„Ich begrüße euch im Reich der Einhörner. Ich freue mich, dass dein Weg endlich zu uns geführt hat. Wir Einhörner und ihr hatten schon öfter Kontakt, aber wir haben noch nie miteinander reden können."

„Nein, das haben wir nicht. Wie heißt du?"

„Ich heiße Cinderell und ich bin gleichzeitig Einhorn-Frau und Einhorn-Mann. Ich bin König und Königin der Einhörner, obwohl wir keinen König oder Königin brauchen. Aber wenn Besuch kommt, möchte er würdig empfangen werden und dafür bin ich da, sozusagen die Repräsentantin."

„Cinderell – das hört sich ein bisschen an wie Aschenbrödel."

Das Einhorn lacht. **„Ich weiß, was du meinst, aber so ist es nicht. Cinderell ist ein schöner Name. Nehmt Platz."**

Wie von Zauberhand wachsen weiße Marmorbänke aus der Erde. Wir setzen uns.

„Ich habe euch eingeladen, damit ihr den Menschen von den Einhörnern erzählt. Wir Einhörner haben vor langer Zeit die Erde verlassen, genauer gesagt, die grobstofflichen Einhörner, die jeder Mensch sehen kann."

„Als das Ende von Atlantis bevorstand, sind wir gegangen. Wir mögen die Profitsucht und das Machtstreben der Menschen nicht. Aber als spirituelle, oder anders gesagt, feinstoffliche Wesen waren wir immer auf der Erde. Wir haben geschaut, wie es den Menschen geht und den Tieren, wir haben geholfen, wenn man uns gebraucht hat."

„Die Menschen heute glauben nicht mehr an Einhörner – mit Ausnahme eines gewissen Kreises von vorwiegend Frauen, die sich zu den Einhörnern hingezogen fühlen und mit denen wir auch teilweise arbeiten. Wir arbeiten nicht mit allen, die es möchten oder es behaupten. Sie bilden es sich ein. Wir treffen eine strenge Auswahl."

„Die Menschen, denen wir uns zuwenden, müssen im Herzen rein sein. Sie dürfen nicht aus Geldgier mit uns arbeiten wollen, sondern aus Freude daran, unser Wissen zu erhalten und weiterzugeben – kostenlos. Das ist uns wichtig! Wir möchten nicht, dass ihr mit uns Geld verdient, denn wir hassen die Profitsucht, genauso wie die Engel es hassen, wenn man mit ihnen Geld macht."

„Wir sind Lichtwesen wie die Engel, aber die Engel sind ein paar Dimensionen über uns. Wir befinden uns in etwa der gleichen Dimension wie die Feen, die auch zu den Lichtwesen gehören."

„Ich habe dich zu mir gerufen, damit du unsere Bitte weitergibst: Wenn ihr mit den Einhörnern arbeiten möchtet, macht es mit reinen Gedanken und reinem Herzen. Lasst das Profitstreben weg. Wenn ihr Kosten habt, dürft ihr so viel nehmen, dass ihr sie decken könnt, aber mehr nicht. Wir hassen es, wenn ihr euch mit den Lichtwesen und Naturwesen bereichern wollt."

„Wir Einhörner stehen für Reinheit – Reinheit der Gedanken, der Seele, des Gefühls und der Liebe. Den Menschen fällt es schwer, all dies in Reinheit zu leben. Wenn ihr uns ruft, helfen wir euch, Reinheit und Klarheit zu erlangen. Lasst euch durch das Feuer reinigen und dann kommt zu uns, den Einhörnern. Wir begleiten euch, führen und leiten euch. Wir sind eure Führer und Leiter."

„Du hast gestern darum gebeten, deshalb bin ich heute hier. Ich möchte dir ein Einhorn zur Seite geben, Sturmwind, du kennst ihn. Du bist ihn schon geritten, das erlaubt er nicht jedem. Ihr habt durch viele Leben eine enge Verbindung. Ihr seid eins, so wie du mit Lillie eins bist. Auch Lillie und Sturmwind haben eine enge Verbindung. Ihr drei gehört zusammen. Sturmwind wird dich ab jetzt begleiten, wie alle deine Freunde."

„Vielen Dank! Ich freue mich sehr! Hast du noch etwas, was du den Menschen sagen möchtest?"

„Ja! Die Einhörner sind unter euch. Sie streifen durch die Wälder. Seid achtsam, wenn ihr durch die Wälder geht. Sie streifen durch die Natur, seid achtsam, wenn ihr durch die Natur geht. Vielleicht seht ihr einmal einen Nebel vorbeihuschen, ist es dann wirklich ein Nebel?"

„Die Einhörner warten darauf, von euch angesprochen zu werden, um euch Reinheit und Klarheit zu schenken, um euch Energie zu geben, wenn ihr sie braucht. Aber ihr müsst reinen Herzens sein und nicht an Profit denken, wenn ihr mit den Einhörnern zusammen seid. Denkt an die Schönheit und Leichtigkeit des Seins, an die Liebe, die die Einhörner euch geben."

„Wir sind auch Mutter Erdens Helfer. Wo unsere Hufe den Erdboden berühren, schenken wir ihm Fruchtbarkeit. Ist dir vielleicht schon einmal aufgefallen, dass es in manchen Gegenden breite Streifen gibt, in denen das Gras saftiger ist, wo die Bäume und Büsche im Wald besonders gut wachsen?"

„Ich habe die Unterschiede schon gesehen."

„Das ist die Spur des Einhorns. Es schenkt dem Boden Fruchtbarkeit, den Menschen schenkt es Fruchtbarkeit im Geist. Wenn das Einhorn deinen Geist berührt, wird er fruchtbar sein. Ruft die Einhörner und bittet sie, euren Geist zu berühren. Spürt sie, liebt sie, achtet sie und vertreibt sie nicht durch Profitgedanken. Ich werde deinen Geist berühren."

Sie hebt ihren Huf und berührt meinen Geist. Ich habe eine energetische Bestätigung erhalten. Das war schön!

„Darf ich dich umarmen?", frage ich.

„Das darfst du."

Ich umarme Cinderell. Sie ist so schön und weich. Ich streichle sie, obwohl es vielleicht ein bisschen ungehörig ist, einen König/Königin zu streicheln.

„Es ist dir gestattet. Es kommt aus deinem Herzen und was aus dem Herzen kommt, ist erlaubt. Immer."

„Ich danke dir, liebes Einhorn. Es war wunderbar. Ich habe noch ein Geschenk." Ich überreiche die goldene Schachtel.

„Ein Geschenk für uns? Wie schön!"

Die Schachtel öffnet sich von selbst, in der Mitte liegt ein goldener Ball. Er fängt an zu schweben, fliegt über die Einhörner und sie fliegen ihm nach. Sie spielen in der Luft mit dem Ball. Ich wusste gar nicht, dass Einhörner fliegen können.

„Wir sind doch Astralwesen und deshalb können wir auch fliegen. Wir fliegen auch auf der Erde, aber nur die wenigsten sehen uns."

„Ist das schön, mit dem Ball in der Luft zu spielen. Herrlich, unsere Kinder werden sich freuen. Dankeschön! Das Geschenk ist für unsere Kinder und für das Kind in uns Erwachsenen. Ihr Menschen müsst das Kind in euch wieder hervorholen und nicht immer so ernsthaft sein. Spielt, singt, tanzt. Wir lieben es, wenn ihr singt, tanzt und spielt. Tanzt durch den Wald. Singt, tanzt, macht uns eine Freude damit und macht euch eine Freude damit. Singen und Tanzen schenken Leichtigkeit, ebenso wie das Spiel."

„Du bist müde und ich weiß, dass Joschi (Anmerkung: Joschi ist mein Hund) **bald Gassi gehen muss. Es war schön, dich zu sehen."**

„Ich freue mich, bei den Einhörnern zu Gast zu sein. Gibt es eigentlich noch mehr Könige/Königinnen der Einhörner?"

„Jede Herde hat ihren König/Königin. Dies ist die Herde der Weißen Licht-Einhörner. Es gibt noch andere Ein-

hörner und jede Herde hat ihre speziellen Aufgaben. Ich habe dir von unseren erzählt."

„Ich bin glücklich, dass der Pförtner dich durchgelassen hat. Das ist nicht selbstverständlich. Manchmal kommen Menschen und werden nicht zu uns gelassen. Dass du den Pförtner überzeugen konntest, spricht für dich. Ich danke dir, dass du gekommen bist, ich danke dir für das Geschenk. Sturmwind wird dich in Zukunft begleiten, er wird immer da sein, wenn du ihn rufst. Ebenso wie Lillie da ist, wenn du sie rufst! Jetzt entlasse ich dich. Wenn ihr aufsteht, werden die Bänke versinken, sodass ihr nicht stolpert."

„Das ist sehr rücksichtsvoll von dir. Ich liebe euch Einhörner!" Ich umarme Cinderell noch einmal und auch meinen Sturmwind. „Es ist schön, mit euch gesprochen zu haben. Ich habe es mir schon immer gewünscht."

„Meine Freunde, was sagt ihr zu den Einhörnern?", wende ich mich an meine Begleiter.

„Wir sind schwer beeindruckt", sagt Merlin.

„Wir lieben euch", wenden sich meine Freunde an unsere Gastgeber.

„Wir lieben euch auch und passt schön auf unsere Freundin auf."

„Das machen wir. Das ist unsere Aufgabe und unsere Herzensangelegenheit."

„Dankeschön, wir brauchen sie noch."

Cinderell winkt mit dem Huf. Das sieht witzig aus. Dann trabt sie langsam davon und auch wir wenden uns zum Gehen. Sturmwind begleitet uns über den Palasthof zum Tor, wo der Pförtner auf uns wartet. Er führt uns durch die Hütte und wir sind wieder auf der Blumenwiese. Wir gehen zum Tunnel. Die Blumen im Inneren sind durch Edelsteine ersetzt. Jeder Edelstein hat eine Bedeutung. Ich muss noch viel lernen. Ich habe heute eine Kette mir Türkisen geschenkt bekommen.

„Sie passen zu dir, trage sie", sagen meine Freunde.

„Ich werde sie tragen, ich muss sie nur noch reinigen."

„Aufladen musst du sie nicht, aber das haben dir ja schon die Zwerge gesagt. Zum Reinigen unter fließendes Wasser halten reicht und dann ein bisschen Reiki."

„Danke für den Rat."

„Ich werde dich noch ein Stück begleiten", sagt Merlin. Er nimmt meine Hand, ich winke den anderen zu. „Es war so schön, dass ihr mich begleitet habt, ich komme bald wieder."

Merlin und ich gehen in den Tunnel der Edelsteine. Er ist herrlich. Ich kann mir vorstellen, dass die Edelsteine gleich anfangen, wie Kolibris zu flattern.

Merlin lacht und umfasst meine Schulter. „Du bist immer noch meine verrückte Freundin." Am Ausgang gibt er mir einen Kuss auf die Wangen. „Bis zum nächsten Mal, mein Liebling."

„Bis zum nächsten Mal mein liebster Freund." Auch ich hauche ihm einen Kuss auf die Wangen, ich glaube, das ist das erste Mal. Wir winken uns zu und ich verlasse den Tunnel.

Stonehenge – Ein Denkmal der Liebe

Der Eingang zum Tunnel versucht, sich zu manifestieren. Er wabert und bewegt sich im Rhythmus meines Atems. Vor dem Tunnel liegt ein in weißes Papier verpackter Karton. Der Tunneleingang und der Karton drehen sich wie ein Karussell. Ich glaube, das Drehen wird nicht aufhören. Ich muss versuchen, in den Eingang zu springen. Ich schnappe mir den Karton und warte auf den richtigen Zeitpunkt, damit ich nicht gegen die Wand pralle. Das Ganze ist etwas langsamer geworden, aber immer noch recht schnell. Jetzt! Ich habe es geschafft. Der Tunnel dreht sich immer noch, mir wird übel. Der Weg vor mir ist deutlich zu sehen, er scheint zum Mittelpunkt zu führen, um den sich der Tunnel dreht. Schotter bedeckt den Boden, die Wände sind aus hellgrauem Stein, ein Dämmerlicht erhellt den Pfad. Durch den sich immer noch drehenden Tunnel gehe ich Richtung Mitte, es ist ein merkwürdiges Gefühl. Die Kreise werden enger, ich scheine mich dem Zentrum zu nähern.

Ich erreiche eine große Halle, in ihrer Mitte liegt eine Kugel aus Stein, um die sich der Gang dreht. Er ist nicht mit der Kugel verbunden, sondern sie ruht reglos im Zentrum und als ich direkt davorstehe, hört für mich das Drehen auf. Ich möchte meinen Weg in die Anderswelt fortsetzen, aber ich komme nicht an der Kugel vorbei, weil sich der Tunnel um sie herumdreht. Es gibt keine Lücke. Die Hülle der Kugel schiebt sich auseinander, sodass ein Spalt entsteht. Im Inneren sieht es aus wie in einer gemütlichen Wohnung. Ich weiß nicht, ob ich eintreten soll, es könnte eine Falle sein.

„Gehe ruhig hinein", höre ich eine Stimme.

Ich betrete die Kugel und bin in einer Art Wohnzimmer mit hellen Wänden. An einer Wand steht ein Sofa und davor ein Tisch, auf dem Schalen mit Nüssen, Obst und Süßigkeiten platziert sind.

„Setze dich auf das Sofa", sagt die Stimme. Ich weiß nicht, wer spricht, aber ich setze mich und spüre umgehend, dass die Kugel abhebt. Sie fliegt senkrecht nach oben, verlässt das Tunnelsystem durch eine Öffnung und wir sind unter dem Himmelszelt. Sie fliegt ganz ruhig und ich kann entspannt auf dem Sofa sitzen, Nüsse knacken oder Süßigkeiten essen.

„Dann mache es, fühle dich wie Zuhause", sagt die Stimme.

Die Süßigkeiten sind in Papier gehüllt, das appetitlich aussieht. Ich öffne eines. Der Inhalt schmeckt wie eine in Schokolade gehüllte Kirsche. Lecker.

Ich mache es mir bequem, denn ich habe keine Alternative. Ich spüre, dass die Kugel sehr schnell ist, aber ich sehe nicht, wohin sie fliegt, denn es gibt kein Fenster.

Lesestoff liegt jetzt auf dem Tisch. Ich nehme mir eine Zeitschrift und blättere darin. Es ist eine von diesen Frauenzeitschriften, die ich beim Arzt, Zahnarzt oder Frisör lese, aber sonst nicht in die Hand nehme.

Ich habe das Gefühl, dass die Kugel langsamer wird, sie scheint abzubremsen. Ich lege die Zeitschrift zur Seite, denn wir sind gelandet. Ein Spalt öffnet sich und ich schaue in einen tiefgrünen Urwald mit mir unbekannten Bäumen. Ich habe den Eindruck eines Waldes aus uralter Zeit.

„Tritt heraus", fordert mich die Stimme auf.

Ich verlasse die Kugel und weiß nicht, wo ich bin.

„Du bist in der Frühzeit der Erde", höre ich als Antwort.

„Jetzt bin ich aber gespannt", erwidere ich.

„Das kannst du auch sein."

„Wer spricht mit mir?", möchte ich wissen.

„Die Stimme des Universums, die Stimme deiner Begleiter, deiner Berater, die vereinte Stimme. Wir alle sind eins in diesem Moment, aber deine Freunde, die dir zur Seite stehen, werden gleich kommen."

Kaum gesagt, sind sie da: Merlin, El Morya, Lillie und Kalaya, Chowei und Karl. Etwas abseits bleiben mein Illumant[2] und Sturmwind. Jetzt kommt Brummel. Er scheint unterwegs

Honig gefunden zu haben, denn er schleckert eine Honigwabe. Mein Schutzengel ist auch da.

„Willkommen, meine lieben Freunde. Ich hätte nicht gedacht, dass ich euch nach dieser Fahrt treffe", begrüße ich die Gruppe.

„Wir sind glücklich, dass du wieder da bist und gespannt, was uns erwartet. In dieser alten Zeit waren wir lange nicht."

„Zeitreisen sind möglich?", möchte ich wissen.

„In der Anderswelt ja, in deiner realen Welt nicht."

„Wenn ich in der Anderswelt eine Zeitreise mache, sehe ich dann die Geschichte der Anderswelt oder der realen Welt?", frage ich wissbegierig.

„Du siehst die Geschichte der realen Welt aus der Sicht der Anderswelt."

„Wird so verhindert, dass ich in den Lauf der Geschichte eingreife?", frage ich interessiert.

„Genau. Du kannst zuschauen, aber du kannst nicht eingreifen. Du kannst Informationen sammeln, aber man wird dich nicht sehen und du kannst die Zukunft nicht verändern", erwidern meine Freunde.

„Das ist eine feine Sache und wo sind wir hier?"

„Du wolltest doch nach Stonehenge."

„Das ist Stonehenge? Hier ist doch nur Wald!"

„Wir müssen ein Stück durch den Wald gehen. Sei nicht so faul." Ich lache laut.

„Die Kugel ist in dieser einsamen Gegend gelandet, weil hellsichtige Menschen sie sehen können und das möchten wir nicht, denn wir wollen nicht die Zeit verändern. In diese Gegend kommt nie ein Mensch, denn sie ist verboten und heilig. Die Kugel wird sich auch gleich unsichtbar machen, falls sich doch jemand verirrt oder die Tiere von ihr erzählen. Das muss nicht sein", erläutern meine Freunde.

Auf einmal steht ein Druide in unserer Mitte. Er trägt ein weißes Gewand mit goldenen Stickereien an den Säumen. Er verbeugt sich vor uns.

„Ich begrüße euch in der Zeit von Stonehenge. Ich bin euer Führer, abgesandt, damit ihr seht, was ihr sehen dürft, sehen möchtet und sehen könnt."

„Die reale Welt wird euch nicht sehen, auch nicht die hellsichtigen Menschen. Wir haben ihre Fähigkeit etwas zurückgenommen, denn auch sie dürfen nicht in die Zukunft schauen und ihr wirkt wie aus einer anderen Zeit – allein schon die Kleidung unserer lieben Freundin. Eine Frau in Hosen gibt es hier nicht."

Er dreht sich um und geht voran in den tiefen Wald mit den riesigen Bäumen. Solche Blätter und Stämme habe ich noch nie gesehen. Sie sind nicht so verzweigt wie unsere Eichen oder Buchen, sondern wachsen schlank und elegant in den Himmel. Wir folgen dem Druiden.

„Bist du das, Merlin?", möchte ich von meinem Freund wissen.

„Nein, meine Freundin, ich bin hier bei dir. Ich kann mich nicht teilen, aber ich kenne ihn. Er erkennt mich nicht, weil ich nicht die Tracht der Druiden trage."

„Ich verstehe, du hast dich etwas …"

„Ich habe mich etwas unkenntlich gemacht", schmunzelt Merlin.

Wir verlassen den Wald und vor uns erstreckt sich eine Ebene. Überall liegen Steine, die von Frauen bearbeitet werden. Sie behandeln sie aber nicht nur mit Hammer und Meißel, sondern sie streicheln darüber und die Steine formen sich. Ich sehe Riesen, die Steine schleppen. Sie winken uns zu.

„Sie sehen uns, das können wir nicht verhindern, aber das ist nicht schlimm, weil sie nicht die Geschichte der Erde bestimmen. Zudem halten sie den Mund."

„Sie wissen, dass wir kommen?"

„Sie wissen es und sind deshalb nicht überrascht, sondern erledigen ihre Arbeit wie gewohnt."

„Sie schleppen die Steine?"

„Sie schleppen die Steine heran, damit die Frauen sie bearbeiten können."

Ich sehe außer Frauen nur ein, zwei Männer.

„Diese Männer brauchen sie hin und wieder für Dinge, die sie selbst nicht können und als Köche."

„Als Köche? Ich dachte, die Männer in dieser Zeit sind die Sammler, Jäger und Ernährer."

„Sie sind auch die Köche. Männer haben schon immer gekocht, wenn die Frauen sie gelassen haben. Diese beiden Männer kochen ganz hervorragend."

„Wo ist der Ort, an dem sie kochen?"

„Er ist etwas entfernt. Dort stehen Hütten, in denen die Frauen schlafen sowie die Männer und sonstigen Hilfskräfte, die die Frauen brauchen."

„Wie viele Frauen sind das?"

„33."

„Sie bauen Stonehenge?"

„Ja."

„Sie haben einen Plan?"

„Zwei hellsichtige Freunde haben es dir unabhängig voneinander gesagt und sie haben recht. Du hast den Plan vor langer Zeit gezeichnet, als du Baumeister in Ägypten warst. Die Vorsehung hat dir den Auftrag erteilt und auf wunderbaren Wegen kam der Plan hierher. Er gelangte in die Hände der Frauen, die dieses Denkmal bauen wollten. Ein Denkmal für ihre Männer, die im Krieg gefallen sind oder die im Krieg sind und vielleicht nie wieder heimkehren. Sie lieben ihre Männer und wollen ihnen etwas Großes schenken. Ein großes Denkmal der Liebe."

„Die Riesen helfen ihnen?"

„Es gibt niemanden auf der Erde, der so viel Kraft hat wie die Riesen. So viel Magie haben die Frauen nicht, um die großen, schweren Steine zu bewegen und so viele Menschen sind nicht in dieser Gegend, um sie aufzurichten, ohne dass sie dabei umfallen. Das ist das Problem: sie aufrichten und gerade halten."

„Das kann ich mir vorstellen. Aufrichten mag gehen, aber wie gerade halten, damit sie nicht umkippen. Sie müssen in die Erde eingelassen werden."

„Ein Teil ist in die Erde eingelassen, es wäre sonst zu gefährlich. Die Riesen legen auch die Decksteine auf. Das ginge sonst nicht. Alles, was eure Archäologen sagen, ist Blödsinn. Ohne die Riesen würde Stonehenge nie gebaut werden."

„Ein Freund hat gesagt, dass diese Frauen Priesterinnen sind, stimmt das?"

„Es sind Priesterinnen und jede Frau hat ihren eigenen Stein."

„Heute stehen aber nur 32 Steine und du sagtest, es sind 33 Frauen."

„Die 33. Frau ist die oberste Priesterin. Ihr ist der Opferstein geweiht. Die anderen Priesterinnen bilden den Kreis um sie."

Ich sehe wie Stonehenge gebaut wird, wie die mächtigen Steine von den Riesen aufgerichtet werden und wie die Frauen alles genau vermessen, damit es so ist, wie ich es in einem anderen Leben gezeichnet habe. Der Bau geht schnell voran. Um ihn herum entstehen kleinere Kultstätten, weil die Mitte eine andere Funktion hat.

„Hier werden nur Opfer der Liebe gebracht und am Tag der Sommersonnenwende wird der Strahl der Liebe aktiviert. Wenn dieser Strahl von der Sonne ausgelöst wird, wirkt er das ganze Jahr. Geopfert werden nur Gaben der Liebe für die Männer, die wahren Kultstätten sind drumherum. Auch das neue Stonehenge 2 – Superhenge, wie ihr es nennt – ist eine Kultstätte. Dort wird den Göttern geopfert und für die Rückkehr der Krieger sowie einen guten Ausgang des Krieges gebetet. Dort treffen sich die Frauen aller Stämme, die Kinder und die alten Leute, die nicht in den Krieg gezogen sind."

„Die Kinder und alten Leute wohnen rund um die Baustelle, solange die Frauen hier arbeiten. Sie haben viel zu tun, aber die Riesen stehen ihnen bei. Noch helfen sie den Menschen, besonders diesen Frauen, denn die Priesterinnen glauben an Mutter Erde, an die Große Göttin und sie kennen noch Padre und Madre Universalis [3.] Es sind nicht mehr viele, die Padre und Madre Universalis kennen und bald werden die Götter einschlafen."

„In welcher Zeit sind wir?"

„Nicht 2000 vor Christi, wie eure Archäologen sagen, sondern viele Jahre früher. Atlantis ist untergegangen. Es sind Priesterinnen von Atlantis unter den Frauen und Priesterinnen von Avalon, denn auch Avalon ist untergegangen."

„Avalon würde mich interessieren."

„Ich weiß, aber das ist heute nicht das Thema. Hier sind Priesterinnen von Atlantis, von Avalon und den hoch entwickelten Stämmen."

„Und die höchste Priesterin?"

„Die höchste Priesterin kommt von Atlantis. Avalon ist ein Thema für sich, von dort kommt keine Hohepriesterin."

„Wie werden die Menschen reagieren, wenn ich ihnen sage, dass Stonehenge von Frauen und Riesen gebaut wurde?"

„Sie werden dich auslachen, aber das hältst du aus."

„Das halte ich aus, ich werde sowieso für verrückt erklärt", lache ich. „Ich bin überwältigt, dass die Liebe zu solchen Taten fähig ist."

„Es ist nicht die Liebe der Priesterinnen, sondern die Liebe der Frauen in den Lagern. Sie bündelt sich in diesem Monument. Die Priesterinnen leben in der Regel allein, sie leben für ihre Götter. Sie haben kein erzwungenes Zölibat, sie dürfen Männer haben, aber ihr Interesse gilt mehr dem Geistigen, dem Spirituellen. Sie reden mit Männern, aber das ist auch alles."

„Aber dann können sie keine Kinder bekommen und ihr Wissen an ihre Kinder weitergeben."

„Du hast vollkommen recht und deshalb hat jede Priesterin ein Kind. Das ist Gesetz bei den Priesterinnen, dass sie zumindest ein Kind haben müssen, dem sie ihre Fähigkeiten vererben und dem sie ihr Wissen weitergeben."

Stonehenge steht! In der kurzen Zeit, in der wir zuschauen, ist das Bauwerk entstanden: 32 Steine im Kreis und in der Mitte der Opferstein. „Warum liegt er heute nicht mehr in der Mitte?", möchte ich wissen.

„Ein Erdbeben hat ihn verschoben."

„Aber die Steine sind stehengeblieben?"

„Die sind gut verankert. Der Opferstein war nur oberflächlich verankert."

Die Nacht fällt herab auf Stonehenge. Am Himmeln funkeln strahlend die Sterne und die Mondin taucht die Dunkelheit in silbernes Licht. Sie verehren auch die Mondin, aber jetzt warten sie auf den Sonnenaufgang, denn es ist Sonnenwende. Im Nordosten beginnt sich der Himmel zu röten. Die Sonne geht auf und die ersten Strahlen fallen durch den Fersenstein, sie erleuchten den Opferstein, den Altar der Liebe, und erst dann den Altarstein. Dann schickt die Sonne das Licht der Liebe, das sie vom Opferstein aufgenommen hat, in die Welt. Dort wird es ein Jahr lang bleiben, bis sich dieses Ritual wiederholt.

„Aber dafür muss der Opferstein in der Mitte liegen. In deiner Zeit liegt er dort nicht mehr und deshalb kann der Sonnenstrahl die Liebe nicht aufnehmen und in die Welt tragen."

„Wie soll ich das den Verantwortlichen erklären, dass dieser Stein wieder in die Mitte muss?"

„Das ist ein Problem."

„Das glaubt mir kein Mensch. Die Archäologen werden sagen, ich bin verrückt. Ich kann doch dieses Denkmal nicht verändern."

„Aber der Stein muss wieder in die Mitte, dorthin, wo der Sonnenstrahl ihn trifft. Weil der Stein fehlt, hat die Sonne nicht mehr die Energie der Liebe."

„Kann man anstatt dieses Opfersteins etwas anderes hinlegen?"

„Die Idee ist nicht schlecht, aber es muss aus Liebe geschehen."

„Wenn ich etwas Grobstoffliches hinlege, werden die Bewacher es sofort wegnehmen. Es muss etwas Feinstoffliches sein, was dennoch in die grobstoffliche Welt strahlt."

„Du hast recht. Es muss etwas Feinstoffliches sein, ein feinstofflicher Rosenquarz. Ihr müsst ihn dort platzieren, damit der Sonnenstrahl wieder die Energie der Liebe aufnimmt und das Licht hinausgeht in die Welt. Du kennst jetzt deine Aufgabe! Du weißt wie und zu welchem Zweck Stonehenge gebaut wurde. Du weißt, was darum herum ist, die Opferstätten, die Bewohner, die alten Leute und Kinder, die Frauen."

„Wo wohnen die Priesterinnen?"

„Sie haben etwas abseits von den anderen ein eigenes kleines Lager und werden von Einhörnern beschützt."

„Sehen die anderen die Einhörner?"

„Nein. Sie sehen auch nicht die Riesen."

„Aber sie sehen doch, dass sich die Steine bewegen."

„Sie glauben, das ist die Magie der Priesterinnen. Sie haben großen Respekt vor ihnen."

„Ich verstehe. Warum wurde Superhenge vergessen? Warum liegt es unter der Erde und Stonehenge nicht?"

„Als die Christen kamen, wurde es von den gläubigen Heiden versteckt. Sie wollten nicht, dass es von den Christen zerstört wird."

„Ich danke für die Einblicke, die du mir gegeben hast."

„Reicht dir das?"

„Ich bin überwältigt. Magie, Riesen, Liebe …" Mir kommen die Tränen, weil ich das sehen und diese Liebe spüren darf. Es ist eine andere Zeit.

„Es ist eine andere Zeit und wir können die Zukunft von hier aus nicht verändern."

„Wann war das Erdbeben?"

„Es war noch vor Christus, bevor die Menschheit begann, bittere Eroberungskriege zu führen."

„Ich verstehe. Als die Liebe nicht mehr die Erde regierte, begann das Böse, die Macht zu übernehmen."

„So ist es."

Ich danke meinem Gesprächspartner und wir verlassen Stonehenge und gehen durch den herrlichen Wald zu der Kugel. Sie öffnet sich, wir treten ein, sie schließt sich und los geht die Fahrt. Es sind mehr Sitzgelegenheiten vorhanden als auf dem Hinflug und alle finden einen Platz. Wir unterhalten uns und lachen viel. Merlin stimmt ein Lied an und wir singen von der Schönheit der Welt, von der Schönheit der Erde und der Götter, die wir lieben. Die Zeit vergeht wie im Flug und auf einmal landet die Kugel. Sie öffnet sich, wir steigen aus und befinden uns auf einer Wiese vor dem Tunnelausgang.

Wir fallen uns in die Arme. „Das war eine interessante Reise", freuen sich alle.

„Es ist Zeit zu gehen", sagt Merlin zu mir. Er nimmt mich an die Hand und führt mich in den Tunnel.

„Ich werde dich begleiten, besser ist besser."

Alles ist ruhig, das Böse fand wohl nicht so schlimm, was ich heute gesehen habe.

„Sie haben Angst vor Merlin", höre ich.

Ich sehe schon den Ausgang vor mir. Mein Freund umarmt mich, küsst mich und sagt. „Ich habe dich lieb meine Freundin. Freunde für immer."

Ich streichle ihm über die Wange. „Freunde für immer!" Wir winken uns zu, er geht zurück und ich verlasse den Tunnel. Ich komme zurück in meine Welt …

Gondwana
Eine Kultur am Anfang der Zeit

Ich stehe auf dem Startplatz, in der Mitte liegt ein in weißes Papier gehülltes Paket. Ich nehme es an mich. Es ist nichts da, was mich in die Anderswelt bringen könnte. Jetzt sprießt eine Pflanze mit großen Blättern, sie neigen sich zur Seite wie beim Wegerich, das ist aber auch alles. Ich höre einen Schrei und aus den Wolken stößt ein Adler herab. Er landet neben mir und verneigt sich.

„Wegen der großen Gefahren im Tunnel", sagt er, „bin ich beauftragt worden, dich abzuholen. Bist du bereit?"

„Ich bin bereit, Adler."

Er packt mich und wir fliegen davon. Um uns herum ist tiefe Schwärze, ich spüre den Vorhang zur Anderswelt. Wir haben die Grenze überschritten, es wird heller, der Adler fliegt durch graues Licht, das von einem blauen Himmel mit weißen Wölkchen abgelöst wird. Unter uns ist eine Wiese mit kleinen Häuschen, doch der Adler fliegt weiter. Ich sehe ein Gebirge mit schneebedeckten, hohen Gipfeln, dahinter ist ein wunderschönes Meer mit hellem, sauberem Wasser. Mitten im Meer liegt eine nur wenige Quadratmeter große Insel. Der Adler steuert sie an und landet darauf.

„Bist du sicher, dass ich hier richtig bin?", frage ich.

„Ja", lacht er, „ich bin sicher." Er fliegt fort und ich stehe allein auf der winzigen Insel im riesigen Meer. Das Wasser schwappt träge gegen das Ufer. Auf einmal vergrößert sich die Insel ein wenig und meine Freunde treffen ein. Zu meinem Erstaunen haben alle Platz auf dem Eiland. Merlin, El Morya, meine beiden Freundinnen Lillie und Kalaya, Chowei, Karl und sogar der Illumant nehmen mich zur Begrüßung in den Arm. Brummel legt mir die Tatzen auf die Schulter, auf die sich anschließend mein Schutzengel setzt. Das Einhorn kommt und lässt sich von mir streicheln. Wir stehen eng beieinander und schauen uns fragend an. Wir wissen nicht, was auf uns zukommt.

Ein Strudel bildet sich um die Insel und zieht sie langsam ins Wasser. Um uns herum entsteht eine Luftblase und so geschützt sinken wir tief ins Meer.

Unter uns sehe ich Ruinen einer mir unbekannten Welt. Es ist nicht Atlantis, die Bauten sahen anders aus. Die Insel setzt zwischen den Ruinen auf. Es bildet sich eine Glocke und das Wasser zieht sich zurück, bis die Stadt vollkommen trocken ist. Wir verlassen unsere Insel. Ich sehe hohe Säulen zwischen Mauerresten, das muss ein Palast gewesen sein. Auch von dem, was einmal ein Tempel war, stehen die Mauern. Er hatte ein halbrundes Dach, so wie ein halbes Universum. Ich weiß nicht, welche Kultur hier einst lebte.

„Diese Kultur ist vor uralter Zeit im Meer versunken." Eine in Himmelblau gekleidete Frau ist zu uns getreten.

„Ich begrüße euch in der untergegangenen Kultur von Gondwana."

„Aber Gondwana war doch der Urkontinent", wende ich ein.

„Gondwana war auch der Name dieser Kultur. Sie ist so alt wie der Urkontinent und als er anfing zu driften und auseinanderzubrechen, ist die Zivilisation im Meer versunken."

„Erzähle mir davon."

„Deshalb bist du hier, damit ich dir von Gondwana berichten kann. Hier haben Wesen gelebt, die noch nicht Mensch waren, aber auch nicht mehr der Anderswelt angehörten. Sie waren sehr spirituell und hatten große Fähigkeiten, aber sie hatten auch schon Menschliches an sich."

„Ähnlich wie in Lemuria?", möchte ich wissen.

„Wir waren feinstofflicher. Unsere Gesellschaft war ein Segen für die Erde, denn wir haben sie mit Liebe überzogen. Wir konnten die Urmenschen, die über die Erde streiften, ein wenig beeinflussen. Wir haben ihnen von

unserem Geist und unserem Wissen gegeben, sodass sie sich entwickeln konnten. Die Urmenschen rund um unsere Stadt waren hoch entwickelt. Es waren noch nicht die modernen Menschen, sie waren anders, aber sie waren nicht dümmer. Sie sahen in euren Augen urzeitlich aus, aber das Aussehen sagt nichts über den Menschen. Eure Archäologen denken, wenn sie einen uralten Schädel finden, dass die Menschen primitiv waren, aber das stimmt nicht."

„Die Stämme auf Gondwana waren sehr weit entwickelt und wir haben voneinander profitiert. Sie waren grobstofflich und haben uns als ihre Führer und Lehrer akzeptiert. Wir waren nicht ihre Beherrscher! Sie haben uns um Rat gefragt, wir haben sie nicht ausgebeutet. Es war eine schöne Zeit!"

„Wir haben einen Weg gefunden, um mit der Natur und den Urmenschen in Frieden zu leben. Wir hatten alles, was wir brauchten. Wir hatten Technik, Fahrzeuge, sogar Raumfahrzeuge, wir waren eine sehr hoch entwickelte Gesellschaft. Wir hatten Priester und haben zu Madre und Padre Universalis gebetet, zu Jamilina und Jamilo und den uralten Göttern, die ihr vergessen habt.[4] Dieses Reich war sehr harmonisch. Es ist schade, dass Gondwana zerbrochen ist und wir dabei untergegangen sind. Mutter Erde konnte es nicht verhindern, denn auch sie ist den mechanischen Kräften ausgesetzt, die die göttliche Quelle für die Erde vorgesehen hat. Mutter Erde muss der göttlichen Quelle gehorchen, auch wenn sie dabei mit den Zähnen knirscht und weint. Die göttliche Quelle hat das Sagen. So ist Gondwana untergegangen."

„Wie waren eure Häuser?"

„Wir hatten Häuser aus Marmor, du kennst den Vorteil des Steins. Jeder Bewohner, jede Familie oder jedes Paar hatte ein Haus mit einem Garten davor, in dem Blumen blühten und Früchte wuchsen. Wir hatten überall Früchte und jeder konnte sich nehmen, was er brauchte. Sie gehörten allen. Das Essen gehörte sowieso allen. Wenn jemand Tiere hatte, gehörten sie allen. Wenn sie geschlachtet wurden, bekam jeder, der vorbeikam, seinen Teil. Vom Getreide haben auch alle abbekommen. Wir waren im Gegensatz zu Atlantis nicht alle gleich. Einige Bewohner hatten mehr und andere weniger, aber die weniger besaßen, hatten immer noch mehr als genug. Die Reichen haben von ihrem Vermögen abgegeben."

„Habt ihr gearbeitet?"

„Ja, wir haben gearbeitet, denn wir mussten unsere Maschinen herstellen und unsere Lebensmittel verarbeiten, aber wir haben alles achtsam gemacht, auf natürlichem Wege. Wir haben niemanden dabei ausgebeutet."

„Woher habt ihr die Materialien für eure Maschinen bekommen?"

„Die hat uns Mutter Erde gegeben. Wir haben immer nur so viel genommen, wie wir brauchten. Wenn eine neue Erfindung gemacht wurde, hat ein Rat darüber beschlossen, ob das Volk sie benötigte oder nicht. Wir hatten etwas Ähnliches wie einen Fernseher und das reichte vollkommen, da mussten nicht tausende Varianten entwickelt werden. Man muss sich mit dem, was man hat, bescheiden können, um Mutter Erde nicht unnütz auszubeuten. Wenn etwas funktioniert, muss man es nicht verbessern, so einfach ist das. Ihr strebt immer nach Verbesserungen und das kostet zu viele Rohstoffe. Wenn ihr mit dem zufrieden wärt, was ihr habt, würden die Rohstoffe geschont und ihr könntet eure Kreativität in Richtungen lenken, die der Erde guttun, wie etwa alternative Energien oder alternative Fortbewegungsmittel, die kein Kohlendioxid ausstoßen. Es gibt für euch noch so viel zu forschen, aber zurzeit geht es immer nur darum, Profit zu machen und nicht darum, die Menschheit zu retten, den Hunger und Durst zu stillen. Doch zurück zu Gondwana."

„Die mehr besaßen, waren die Chefs in den Fabriken. Wir haben Gehalt bekommen, sodass jeder davon leben konnte. Es gab keinen Hunger, keine Obdachlosen, keine Armut. Wir hatten Krankenhäuser und jeder konnte dort hingehen, es gab keine Krankenversicherung, jeder hatte das Recht, behandelt zu werden. Die Krankenhäuser und Ärzte wurden von unserer Regierung bezahlt. An der Spitze von Gondwana stand ein Königspaar, das Berater hatte. Die Reichen mussten Steuern zahlen und davon wurden alle sozialen Leistungen getätigt – die Krankenhäuser, Schulen, alles, was unsere Gesellschaft benötigte."

„Wenn jemand alt war, wurde er nicht abgeschoben, sondern von seiner Familie gepflegt. Die Menschen in Gondwana sind sehr alt geworden und gegangen, wann sie es wollten. Das ist ein großer Vorteil. Ihr müsst siechen, liegt in Pflegeheimen, ihr tut uns leid. Wenn ihr sagt, es ist so weit, ich möchte gehen, dann solltet ihr auch gehen können – ohne Sterbehilfe – aber mit Hilfe der Götter, so wie wir es gemacht haben. Aber wir konnten erst gehen, wenn unsere Uhr abgelaufen war. Frühzeitiger Tod war nicht möglich, den hat man uns nicht erlaubt."

„Es gab in Gondwana keine Kriminalität, weil es keine Armut gab. Es ging allen gut, obwohl es Unterschiede beim Besitz gab. Aber damit sind wir gut klargekommen, weil es auf alle zurückfiel, wenn jemand viel hatte. Die Vermögenden haben nicht gehortet, um immer reicher zu werden, sondern sie haben verdient, um es auszuschütten."

„Es gab auch Bewohner, die nicht arbeiteten, sondern lieber kreativ sein wollten, malen, dichten … Sie wurden vom Staat unterstützt. Man musste nicht zwangsläufig arbeiten, man konnte leben, wie man wollte. Wenn du so willst, hatten wir ein Bedingungsloses Grundeinkommen und die Gesellschaft hat damit funktioniert."

„Unsere Kinder sind in großer Freiheit aufgewachsen. Sie lebten bei ihren Eltern und wenn sich die Eltern trennten, konnten die Kinder wählen, bei wem sie bleiben wollten. Meistens war es die Mutter, weil das Verhältnis Mutter-Kind ein ganz Besonderes ist. Es ist schade, dass ihr eure Kinder so früh weggebt, nur um Karriere zu machen. Das Verhältnis Mutter-Kind ist unbezahlbar und nur durch

Zusammensein zu festigen. Die Kinder haben ihre Eltern geehrt und sich um sie gekümmert, wenn sie krank waren, wiederum haben sich die Eltern um die Kinder gekümmert, damit ihnen kein Leid geschehe. Die jungen Männer und Frauen konnten sich ihre Partner selbst suchen, da haben die Eltern nicht reingeredet."

„Wir hatten eine Gesellschaft der Liebe, Freude, des Glücklichseins. Es ist traurig, dass Gondwana untergegangen ist."

„Wo liegt Gondwana etwa?"

„Im tiefsten Pazifik. Vielleicht werden irgendwann einmal Ruinen gefunden, aber wir sind so tief unten, dass eure U-Boote dem hohen Druck nicht standhalten. Soweit seid ihr noch nicht mit eurer Technik."

„Was will mir eure Geschichte sagen?"

„Dass man so leben kann, dass alle etwas haben, dass man Mutter Erde nicht ausbeutet, es keine Armut gibt und keinen Hunger und Durst, dass die Reichen mit Freude geben, damit es allen Menschen gut geht und die Regierung dafür sorgt, dass die Gaben der Reichen gleichmäßig an alle verteilt werden, die es nötig haben, dass die sozialen Leistungen nicht vom Einkommen abhängig sind und die Älteren von den Jüngeren getragen werden. Diese Gesellschaft hat wunderbar funktioniert und sie wäre nie untergegangen, wenn Gondwana nicht mit allen Bewohnern im Meer versunken wäre."

„Haben sich keine Bewohner retten können?"

„Einige haben sich auf den zerbrochenen Kontinent gerettet oder waren gerade unterwegs zu den Stämmen. Sie haben überlebt. Aber es war eine harte Zeit für sie, denn der driftende Kontinent hat kaum Nahrung hervorgebracht. Viele sind verhungert. Einige der Nachfahren sind später nach Atlantis gekommen. Sie haben versucht, dort das Gondwana-System einzuführen, aber die Atlanter haben ihre Gesellschaft der vollkommenen Gleichheit weiter praktiziert. Die Einwanderer aus Gondwana wussten, was dabei herauskommt, denn sie hatten das Desaster in ihrer langen Geschichte selbst erlebt. Sie haben daraus gelernt, so wie auch ihr aus dieser Geschichte lernen sollt."

„Die Reichen müssen geben, damit es allen gut geht und es wird Friede sein auf Erden. Es wird Friede sein, weil es keinen Hunger und keine Not gibt. Jeder hat die Versorgung, die er braucht, Krankenhäuser, Schulen, es ist alles da – wenn nur die Reichen abgeben und die Regierungen es so verteilen, dass alle davon abbekommen."

„Gondwana hatte keine Armee, es musste sich nicht verteidigen, weil die benachbarten Stämme respektvoll waren und so wird es auch bei euch sein. Die Staaten werden sich mit Respekt begegnen, weil es allen gleich gut geht. Es gibt keinen Grund, sich zu bekriegen."

„Hast du dazu noch Fragen?

„Ich bin über diese uralte Gesellschaft erstaunt, von der nie jemand berichtet hat."

„Legenden von Gondwana gibt es so gut wie gar nicht. Es existierte lange vor eurer Zeit, vor Atlantis, vor Avalon. Erst als Gondwana untergegangen ist, haben sich die Kontinente gebildet und die Erde hat langsam das Gesicht erhalten, das sie heute hat. Es ist schade, dass wir dabei versunken sind, aber wahrscheinlich musste es sein, sonst hätten sich viele Dinge anders entwickelt. Die Vorsehung hat einen Plan für die Erde und dieser Plan muss eingehalten werden."

„Sieht dieser Plan auch vor, dass wir uns bekriegen und so viele Menschen für Machthunger, eine Religion oder einen Glauben sterben?"

„Nein, das hat die Vorsehung nicht so geplant, aber du weißt, dass es dunkle Kräfte auf eurem Planeten gibt, die noch nicht besiegt sind. Sie haben ihre Hände im Spiel."

„Das wird wohl so sein.

„Nimm dies mit in deine Welt: Man kann so leben, dass es allen gut geht, Mutter Erde geschont wird und alle glücklich und zufrieden sind. Nicht Reichtum macht Glück und Zufriedenheit aus, sondern die Freude am Leben, am Sein, Kreativität, zu tun, was man möchte. So, wie es auf Gondwana war."

„Wenn du keine Fragen mehr hast, verabschiede ich dich."

„Ich bin auf meinen Reisen immer sprachlos von dem, was ich erlebe, so dass die Fragen oft erst hinterher kommen. Meine lieben Freunde, habt ihr noch Fragen?"

„Nein, wir haben keine Fragen."

„Ich freue mich, dass ihr Gondwana besucht habt. Du kannst dir vorstellen, wie schön es hier einmal war."

„Wenn ich die Ruinen sehe, kann ich es mir vorstellen. Ich wundere mich, dass es nach so langer Zeit überhaupt noch Ruinen gibt."

„Marmor verwittert nicht."

„Er hat eure Erinnerungen gespeichert. Darf ich ein Stück mitnehmen?"

„Nein, das ist nicht erlaubt."

„Ich verstehe das. Ich bedanke mich bei dir für die Erläuterungen und die lehrreiche Stunde."

„Ihr müsst mit allen Völkern in Frieden leben und die Reichen müssen geben, damit es keine Armut gibt. Ihr braucht sozialere Regierungen. Eure jetzigen sind zu sehr auf Macht und Machterhalt fixiert. Sie sind weniger für die Menschen da, als für sich selbst. Ihr braucht soziale Führer an der Spitze. Die Zeit wird kommen. Obwohl – im Moment lässt es sich schwer vorhersehen, wohin sich Europa und die anderen Länder entwickeln. Die Vorsehung ist am Schwanken. Es läuft vieles schief. Wir werden sehen. Aber jetzt verabschiede ich euch. Es war mir ein Vergnügen, euch in Gondwana begrüßen zu dürfen."

Die Insel ist wieder da. Wir verneigen uns vor unserer Gastgeberin und danken noch einmal für das Gespräch. Wir betreten unsere Insel, ein Strudel katapultiert sie nach oben. Aus den Tiefen des Pazifiks kommen wir wieder in das Sonnenlicht. Ein Schiff ist da, das uns alle aufnimmt. Es ist ein spezielles, das durch die Luft fliegt. Wir landen auf einer wunderschönen Wiese und da ist auch der Tunnel, der mich nach Hause führt.

„Wir begleiten dich", sagen Merlin und El Morya. „Die dunklen Kräfte toben, weil sie fast keine Chance mehr haben, dich beim Start zu erwischen. Deshalb werden sie es auf dem Rückweg versuchen."

„Dankeschön meine Freunde. Ich bedanke mich bei euch allen, dass ihr mich begleitet habt."

Ich umarme die Frauen, Karl, den Illumanten und Brummel, das Einhorn streichle ich, meinem Schutzengel hauche ich einen Kuss in den Wind. El Morya und Merlin nehmen mich an die Hand und wir gehen in den Tunnel. Die Wände sind rußig, er riecht nach Schwefel und Feuer, aber im Moment ist alles ruhig. Eine Kurve ... El Morya und Merlin ziehen ihre Schwerter. Sie gehen voran und sind wie ein Schutzschild vor mir, aber da ist nichts. Wir hören trippelnde Schritte. Die Handlanger des Bösen haben Angst. Sie fliehen, sie haben mitbekommen, dass Merlin und El Morya mich begleiten. Gut! Wir gehen weiter. Wir haben den Vorhang durchschritten und ich sehe den Ausgang.

„Wir bringen dich bis zum Ausgang, wir gehen kein Risiko ein", sagen mein Begleiter.

„Dankeschön meine Freunde", antworte ich erleichtert.

Ich stehe im Ausgang und verabschiede mich: „Es war lieb, dass ihr mich gebracht habt. – Oh man, jetzt habe ich schon wieder das Geschenk vergessen, es ist immer das Gleiche!"

Sie lachen. „Wir nehmen es mit, wir kennen das schon."

„Was ist da drin?", möchte ich wissen.

Es ist eine goldene Kugel! Die Frau wird wissen, was sie damit soll. Die beiden nehmen das Geschenk und verlassen mich. Ich trete aus dem Tunnel und komme zurück ...

Trolle – Die Schutzengel der Bäume

Mein Startplatz ist kreisrund und von Wildrosen umgeben, die bei meiner Ankunft zu blühen beginnen. Ein Baum steht am Rand, in dem ein Adler sitzt. In der Mitte des Platzes liegt ein Paket, dessen Farben wechseln wie ein buntes LED. Jetzt bleiben sie bei Rot stehen, die Schleife ist weiß. Ich nehme das Paket an mich und schaue mich um. Ich sehe keinen Tunnel, nur die Wildrosen und den Baum. Der Adler verlässt seinen Sitz und landet vor mir auf dem Boden.

„Du kennst mich, du bist schon oft mit mir geflogen und auch heute sollst du mit mir reisen. Es ist beschlossene Sache, denn der Tunnel ist zu gefährlich."

„Gut, dann fliege ich mir dir, Adler. Ich habe großes Vertrauen zu dir."

Ich trage auf einmal eine Schutzweste. Er greift mich und los geht's. Er fliegt so schnell wie kein anderer Vogel. Wir folgen der Krümmung der Erde und er legt bei jeder seiner zahlreichen Umrundungen Energiebänder aus. Die Erde wird regelrecht eingewickelt und ähnelt fast einem Wollknäuel. Wir haben längst die Grenze zur Anderswelt passiert, aber erst, als die Erde fast vollständig in die Energiebänder gehüllt ist, wird der Adler langsamer. Ich sehe ein großes Meer, ein Gebirge, die Wüste, Ebenen. Wir steuern auf eine Hochebene zu. Sie ist mit Steinen übersät. Zwischen dem Geröll sind einzelne Schneefelder.

Der Adler landet in der Geröllebene und lässt mich los. „Hierher soll ich dich bringen und hier werde ich dich wieder abholen. Mach's gut, viel Spaß mit deinen Gastgebern."
Er schwingt sich elegant in die Lüfte und fliegt davon. Ich sehe ihn schon nicht mehr. Meine Freunde treffen ein. Merlin ist der erste, er nimmt mich in den Arm.

„Schön, dass du wieder da bist. Wir freuen uns sehr darüber."

Es sind alle gekommen. Brummel hat seine Begleiterin Brummeline mitgebracht.

„Wie schön. Jetzt muss noch unser Einhorn einen Begleiter bekommen", sage ich.

Sturmwind schüttelt lachend den Kopf.

„Nein, Einhörner sind Einzelgänger, wir brauchen keine ständigen Begleiter, nur wenn Paarungszeit ist."

Ich muss lächeln. „Ist gut, ich weiß Bescheid."

Aber ich freue mich, dass sich Brummel und Brummeline gefunden haben. Sie sehen glücklich aus.

Die Sonne geht unter und ein wunderschöner Sternenhimmel funkelt über uns. Kein irdisches Licht schluckt das Leuchten der Sterne, es ist herrlich. Jetzt hängt auch der Vollmond am Himmel – eine wunderschöne Nacht. In der Ferne sehe ich Feuerwerk.

„Heute ist doch Silvester und die ersten Länder in Asien feiern schon das neue Jahr, das siehst du von hier aus. Wir sind in großer Höhe."

Aus der Dunkelheit der Nacht kommen zwei weiß gekleidete Gestalten auf uns zu. Sie haben dunkle Haare, eine bronzefarbene Haut und tragen Kleider wie einst die Griechinnen oder Römerinnen.

„Grüßt euch, liebe Gäste", sprechen sie uns an, „wir sind gekommen, euch abzuholen. Eure Gastgeber erwarten euch. Folgt uns."

Die Damen schweben über die Geröllebene und wir haben Mühe, ihnen zu folgen, aber es geht, weil Merlin die größten Steine mit seinem Zauberstab aus dem Weg räumt. Er ist einfach der Größte. Ich liebe meinen Merlin. Er dreht sich zu mir um und wirft mir eine Kusshand zu.

„Ich liebe dich auch, Freundin."

Die beiden Frauen drehen sich um. „Also, jetzt hört bitte einmal auf, ihr zwei." Helles Lachen erklingt.

Zwischen zwei Bergketten ist ein Tor, durch das wir in ein Tal gehen. Es ist wunderschön und in diesem Gebirge kaum zu erwarten. In der Mitte des Tales plätschert ein Flüsschen, Fische springen durch das silberne Wasser. An den Ufern stehen Hütten, Blumen blühen, überall wachsen Früchte an Bäumen, Südfrüchte, Äpfel, Birnen …

Die Hütten sind nicht groß. Für mich wären sie zu niedrig. Die Bewohner müssen recht klein sein.

„Du vermutest richtig, du wirst die Bewohner gleich kennenlernen", sagen unsere Führerinnen.

Wir gehen tiefer in das Tal und erreichen einen runden Platz, der von Steinen umgeben ist. In der Mitte stehen Bänke und ein großer Stein, der wie ein Thron geformt ist. Er ist so breit, dass zwei darauf sitzen können.

„Nehmt auf den Bänken Platz."

Wir setzen uns und dann kommen die zwei, die auf den thronartigen Stein gehören. Sie sind wunderschön gekleidet, ein bisschen wie Zigeuner – bunt und farbenfroh. Sie trägt einen langen, farbenfroh gestreiften Rock und eine rote Bluse dazu. Er trägt rote Pumphosen und ein blaues Hemd. Ihre Gesichter sind weder menschlich noch tierisch und sie haben strubbelige Haare. Sie sehen sehr sympathisch aus. Ihre blitzenden Augen wirken ein wenig verschmitzt und schelmisch. Das Gesicht ist fast so breit wie bei einem Bären, aber sie sehen nicht wie Bären aus, sondern halb menschlich, halb tierisch, ich kann es nicht erklären.

„Du musst es jetzt auch nicht erklären."

Wir waren aufgestanden und sie bitten uns, wieder Platz zu nehmen.

„Wo sind wir hier?", frage ich.

„Ihr seid in der Gesellschaft der Trolle. Du hast einen Troll bei dir in der Wohnung[5] und wir wollen dir etwas über Trolle erzählen."

„Der Troll in meiner Wohnung sieht anders aus als ihr."

„Wir sind die Herrscher und am weitesten entwickelt. Es ist wie bei den Elfen. Trolle fangen klein an und je weiter sie sich seelisch und geistig entwickeln, desto größer und stattlicher werden sie. Wir haben die maximale Größe

erreicht, wir sind die Königin und der der König der Trolle. Govinda und Govind."

Jetzt sehe ich rundherum Trolle, wie ich sie bei mir in der Wohnung habe: Klein, braun, dünn, langbeinig und langarmig.

„So stellen sich die Menschen die Trolle vor, langbeinig, langarmig und ein bisschen verschmitzt. Manche sagen auch, sie sind bösartig. Trolle sind nicht bösartig! Sie sind verspielt. Sie spielen euch gern Streiche, aber sie meinen es nie böse."

„Aber Trolle verstecken manchmal Gegenstände, die man nicht wiederfindet."

„Dann macht das einen Sinn. Sie verstecken nichts aus Jux und Tollerei, sondern weil es wichtig ist, dass du es nicht findest. Insofern sind Trolle, wenn sie etwas verstecken, Handlanger der Vorsehung. Es bestimmt ja auch deinen Weg. Wenn du etwas erledigen möchtest und nicht findest, was du dafür brauchst, machst du etwas anderes. Das unterstützen die Trolle."

„Was machen die Trolle noch, außer Handlanger der Vorsehung zu sein?"

„Sie kümmern sich um vieles. Der Troll bei dir passt auf dich auf. Er ist sozusagen dein Schutztroll."

„Ich habe doch Schutzengel."

„Schutzengel arbeiten anders als Trolle. Trolle sind handfester."

„So klein, wie sie sind?"

„Wir haben die Macht, uns groß zu machen. Es gibt Menschen, die große Trolle gesehen haben. Manche halten sogar Riesen für Trolle oder Trolle für Riesen. In dem Moment war es nötig, uns groß zu machen, um zu beschützen, um abzuwehren. Wir beschützen auch Menschen. Wir ärgern sie zwar, aber wir schützen sie auch. Du brauchst im Moment Schutz, deshalb hast du einen Troll bei dir."

„Er zeigt sich selten."

„Wir haben uns sowieso gewundert, dass du ihn siehst."

„Ich mich auch." Wir lachen herzhaft. „Was machen Trolle noch?"

„**Trolle sind im Wald, sie beschützen die Bäume, Baumwesen und Baumgeister. Sie sind ursprünglich die Schutzengel der Bäume, aber dann hat sich ihr Aufgabenbereich erweitert. Sie beschützen auch spezielle Menschen.**"

„Nicht alle?"

„**Nein, sie arbeiten nur auf Befehl der Vorsehung. Genau genommen sind Trolle die Schutzgeister der Bäume und achten darauf, dass den Bäumen nichts geschieht. Gegen Motorsägen oder einen Sturm können sie natürlich nichts ausrichten, aber im normalen Leben des Waldes bewirken sie viel. Sie rufen die Wichtel, wenn der Baum nicht mehr atmen kann, sie rufen die Elfen, wenn der Baum Energie braucht, sie kümmern sich um den Baum. Das Baumwesen ist an den Baum gebunden, aber die Trolle können sich bewegen und Entfernungen überbrücken.**"

„Das habe ich noch nie gehört."

„**Du weißt vieles nicht und vieles wird bei euch auch falsch dargestellt, weil das Wissen verloren gegangen ist. Du bist hier, um Neues zu erfahren und es deinen Lesern zu berichten. Gerade im Bereich Naturwesen oder Naturgeister fehlen viele Informationen.**"

„Das stimmt, aber ich will das andere Buch erst fertig machen."

„**Das sollst du auch, aber dein Besuch bei den Trollen ist uns wichtig, damit du einordnen kannst, wer bei dir in der Wohnung ist und keine Angst hast.**"

„Ich habe keine Angst vor dem Troll, ich finde es interessant, ihn zu sehen. Aber er hat Angst vor mir."

„**Er hat keine Angst vor dir. Er hat nur Angst, dass du ihn trittst.**"

„Wenn ich ihn nicht sehe, kann ich nichts dafür."

„**Das weiß er, er passt auf und er wird sich dir öfter zeigen. Er ist dein Freund, dein Beschützer und er wird** dich nicht ärgern. Es wäre nett, wenn du ihm ab und zu eine Gabe hinstellst oder ihm eine Kerze anzündest."

„Das werde ich. Begleitet mich mein Schutztroll auch, wenn ich spazieren gehe?"

„Er ist immer bei dir."

„Joschi, mein Hund, sieht ihn?"

„Joschi sieht ihn, aber er hat sich daran gewöhnt. Nur wenn der Troll nachts größer wird, um die Gegend besser zu überblicken, ist Joschi auch aufmerksam."

„Das ist es also, was er nachts sieht."

„Nachts werden die Trolle groß, weil sie dann einen besseren Überblick haben."

„Ihr lebt in einem wunderschönen Land."

„Das ist unser Paradies, wie wir es nennen."

„Die Elfen unterstützen euch?"

„Elfen und Trolle arbeiten eng zusammen, gerade auch bei den Bäumen. Es gibt ja nicht nur Baumwesen, sondern auch Baumelfen. Von deren Aufgabengebiet wird dir die Elfenkönigin oder Lillie erzählen, wenn du zu ihnen reist, um dein Elfenbuch fertig zu machen. Du bist ja bald soweit, dass das Wirken der Elfen auf der Erde Thema wird."

„Ich habe das Material fast beisammen."

„Wir wissen das und die Elfen geben dir Antworten, weil sie gut finden, dass du über sie schreibst. Genauso wie ich gut finde, wenn du über die Trolle schreibst und Vorurteile ausräumst, die uns gegenüber bestehen."

„Viele sagen, dass Trolle bösartig sind, aber das stimmt nicht. Sie werden nur manchmal von der Vorsehung eingesetzt, um gewisse Dinge zu machen und wenn sie euch nicht passen, sagt ihr, das ist boshaft. Aber es ist Vorsehung. Wir sind die Handlanger der Vorsehung und wir sind die Schutzengel der Bäume. Magst du noch etwas über die Trolle wissen?"

„Wie ist es mit euren Kindern? Wie bekommt ihr Kinder, wie wachsen sie auf, wie werden sie auf ihre Aufgaben vorbereitet?"

„Bei den Trollen ist es ähnlich wie bei den Elfen. Wenn wir uns lieben, gehen wir eine energetische Verbindung ein und wenn wir es wollen, steht anschließend der junge Troll vor uns. Wie bei den Elfen ist er voll entwickelt und wie die Elfen haben wir Spielgruppen für unsere Kinder, wo sie, betreut von den Erwachsenen, aufwachsen."

„Ihr habt keine Familien?"

„Die Trolle gehören zu den Naturwesen, die keine Familien haben, weil Mutter und Vater oft unterwegs sind, um Aufträge zu erledigen. Die häufige Trennung wäre nicht gut für die Kinder. Sie bleiben in den Spielgruppen und werden betreut, das ist besser, als sich immer wieder von den Eltern trennen zu müssen."

„Aber so müssen sie sich doch auch trennen."

„In der Gruppe haben sie viele Bezugspersonen, nicht nur Mutter und Vater. Außerdem gehören die Kinder allen, nicht nur den Eltern."

„Wenn die Kinder soweit sind, dass sie arbeiten können, was passiert dann?"

„Sie gehen zu den Elben in die Schule. Die Elben erzählen ihnen viel für ihre Arbeit. Die Elben sind die Lehrer der Trolle, so wie sie auch die Lehrer der Elfen sind. Aber bei den Elfen gehen nur die höher entwickelten zu den Elben, nicht die Kinder. Die Kinder werden von den höher entwickelten Elfen unterrichtet. Bei uns ist das anders. Bei uns gehen die Kinder zu den Elben und lernen von ihnen. Wir haben ein anderes System."

„An wen oder was glaubt ihr?"

„Wir glauben an die Göttin und ihren Gefährten und beten zu ihnen und wir beten zu den guten Kräften des Universums, zu Padre und Madre Universalis."

„Sie sind nicht die Göttin und ihr Gefährte?"

„Wenn ich sage, wir beten zur Göttin und ihrem Gefährten, meine ich Mutter Erde und Allvater. Wir wissen, dass darüber noch Götter sind. Aber wir sind Geschöpfe der Erde und haben unsere erdnahen Götter."

„Habt ihr Tempel?"

„Wir haben keine Tempel, sondern gehen in die Natur, um zu beten – entweder gemeinsam oder allein. Wir brauchen keine Tempel, weil unsere Gebete ihr Ziel nur dann erreichen, wenn keine Mauern sie aufhalten."

„Da hast du recht. Ich denke, ich werde wiederkommen und viele Fragen stellen. Im Moment bin ich überrumpelt."

„Wir wissen, dass dich die Besuche überraschen. Wenn du vorher nicht weißt, wer deine Gastgeber sind, kannst du nicht die richtigen Fragen mitbringen. Aber heute ging es doch. Du wirst besser."

„Dankeschön."

„Du bist unruhig."

„Irgendetwas ist da. Ich würde mich noch gern mit dir unterhalten, aber ich habe das Gefühl, ich muss gehen."

„Das Gefühl habe ich auch."

„Deshalb ... Ich habe ein Geschenk für euch. Dieses Mal habe ich es nicht vergessen", lache ich. Ich gebe den beiden den Karton.

„Wie schön. Wir freuen uns über Geschenke."

„Macht es auf, ich würde gern sehen, was darin ist."

Vorsichtig öffnen sie die Schleife und das Papier. Sie nehmen den Deckel vom Karton und darin sind unzählige Murmeln, wie ich sie einst den Zwergenkindern[6] mitgebracht hatte.

„Wunderschön. Da werden sich unsere Kinder freuen. Endlich wieder ein neues Spielzeug. Wir lieben unsere Kinder und freuen uns sehr, dass du an sie gedacht hast. Murmeln ... Wir haben alles in unserem Paradies, Essen, Trinken, Kleidung ..."

„Macht ihr die Kleidung selbst?"

„Dafür haben wir die Kleidermacher. Aber wir haben alles, was wir brauchen, nur manchmal mangelt es an Spielzeug und die Murmeln sind etwas Wunderbares. Die Kinder können damit allein oder in Gruppen spielen. Sie lernen dadurch. Ich freue mich so sehr."

Sie stehen auf und umarmen mich. „Du bist eine ganz liebe Frau."

„Ich danke euch, ich bin ganz gerührt."

„Wir danken dir, dass du mit den Trollen gesprochen hast und vielleicht etwas mit den Vorurteilen uns gegenüber aufräumen kannst. Wir sind nicht bösartig, wir sind nicht …"

„Ich habe noch eine ganz schnelle Frage. Ich habe gehört, dass ihr unendlich schnell seid, sodass man euch kaum sieht."

„Das stimmt, wir haben sehr viel zu tun und sind immer in Eile."

„Habe ich Trollspuren fotografiert?"

„Das hast du. Ab und zu ist auch ein Troll auf deinen Fotos, du siehst sie noch nicht, aber das wird kommen. Du wirst noch Gaben erhalten, alles zu seiner Zeit."

„Ich danke für diesen Blick in die Zukunft. Er macht mich zuversichtlich."

„Das soll er auch. Alle in der Anderswelt wünschen, dass du Freude an deiner Aufgabe hast, dass sie dir nicht zur Last wird und du gern reist."

„Manchmal habe ich einfach keinen Nerv dazu."

„Das verstehen wir und du hast immer gute Gründe. Aber wenn du reist, machst du es mit Freude und dann begrüßen wir dich gern."

„Darf ich euch noch einmal besuchen, wenn ich Fragen habe?"

„Wir freuen uns darauf."

„Ich danke euch von Herzen für den Empfang und alles, was ich erfahren durfte. Ich wusste bis jetzt nichts über Trolle, außer, dass es sie gibt."

„Wir freuen uns, dass wir dein Wissen mehren konnten."

Die beiden stehen auf, drehen sich um und gehen. Das Paket mit den Murmeln nehmen sie mit.

„Das war ein schöner Besuch", sagen meine Freunde.

Die beiden weißen Gestalten sind wieder da. „Wir sollen euch zurückbringen."

„Wer seid ihr?", frage ich.

„Wir sind Engel und unterstützen die Trolle, denn sie haben viele und schwere Aufgaben."

„Ihr seht wunderschön aus", sage ich.

„Dankeschön. Jetzt bringen wir euch zurück."

Wir folgen den Engeln zu der Ebene. „Wir verabschieden uns. Es war uns eine Freude, euch zu den Trollen zu führen und vielleicht sehen wir uns ja wieder."

„Davon bin ich überzeugt", antworte ich.

Der Adler kommt. „Ich möchte Renate abholen."

„Ich glaube, heute brauchen wir dich nicht zu begleiten", sagt Merlin, „du bist in allerbester Gesellschaft."

„Das Universum lässt sich immer wieder etwas Neues einfallen, um mich zu euch zu bringen. Der Tunnel scheint im Moment unsicher zu sein."

„Das ist er und die dunklen Kräfte toben, weil du diesen Weg nicht mehr gehst und sie nie wissen, wie du in die Anderswelt kommst. Sie können dir keine Fallen mehr stellen und das ist gut so."

„Das ist wirklich gut. Meine lieben Freunde, ich weiß nicht, ob ihr heute Silvester feiert oder Neujahr, aber wie immer es auch sei, ich wünsche euch ein gutes neues Jahr und dass wir uns noch häufig sehen und zusammen an den Büchern arbeiten – und dass die Menschheit vernünftiger wird. Ich habe euch lieb und ich wünsche euch alles Gute."

„Liebe Freundin!" Sie umarmen mich. „Auch dir alles Gute für das neue Jahr, Gesundheit, Zufriedenheit und dass alles vorangeht, was du planst."

„Dankeschön meine Freunde. Bis zum nächsten Mal."

„Bis zum nächsten Mal. Vielleicht schon morgen, auf der Neujahrsenergie?"

„Möglicherweise."

„Seid ihr jetzt endlich fertig?" Der Adler lächelt.

„Wir sind fertig und du kannst mich zurückbringen," antworte ich.

Er greift mich, ich winke meinen Freunden zu und los geht die Rückreise. Wieder umkreist der Adler die Erde und nimmt die Energiebahnen mit, die er vorher gelegt hat. Wir durchstoßen den Vorhang, ich bin wieder in meiner Welt. Vor mir sehe ich den Startplatz. Der Adler steuert darauf zu und setzt mich vorsichtig ab.

„Es war mir eine Freude, dich zu tragen", sagt er.

„Es war mir eine Ehre, mit dir zu fliegen", antworte ich.

„Mach's gut und komme gut zurück", verabschiedet er sich.

„Dankeschön Adler." Weg ist er und ich komme an diesem Silvesterabend zurück in meine Welt …

Feuerdrachen – Die weisen Beschützer

Mein Startplatz ist kreisrund und darüber steht eine strahlende Sonne mit vielen kleinen Sonnenfingern. Vor mir liegt ein Geschenk, das so gelb ist wie die Sonne. Ich nehme es an mich. Um mich herum blühen wilde Rosen. Zu meinem Erstaunen ist der Tunnel da, der Eingang ist schwarz.

„Gehe nicht hinein!" Sternchen ist bei mir. „Es ist eine Falle. Warte, du wirst hier abgeholt."

Der Tunnel beginnt zu rumpeln, die im Inneren ärgern sich maßlos. Sie haben mitbekommen, dass ich den Tunnel nicht betreten werde. Aber er ist immer noch da und scheint zu rufen: Tritt ein!

„Gehe nicht hinein! Habe Geduld und warte", wiederholt Sternchen.

Aus der Sonne kommt etwas geflogen. Es ist ein Drache! Er landet und begrüßt uns mit einem: „Hallo."

„Hallo Drache, ich freue mich, dich zu sehen", erwidere ich.

„Ich freue mich auch, dich zu sehen. Ich habe die Order, dich abzuholen."

„Einen Drachen hatte ich noch nie als Transportmittel."

„Öfter etwas Neues", lacht er. „Setze dich auf meinen Rücken, dein Schutzengel kann auf deiner Schulter mitfliegen."

„Wie soll ich mich festhalten?", frage ich.

„Halte dich an meinen Stacheln fest", erwidert der Drache.

Er hat auf dem Rücken dreieckige Stacheln. Ich setze mich dazwischen und halte mich an dem vorderen fest. „Es kann losgehen", rufe ich.

Er hebt ab und fliegt rasend schnell der Sonne entgegen. Aber wir reisen nicht zu ihr, sondern folgen der Krümmung der Erde. Ich habe schon den Vorhang gespürt, wir sind in der Anderswelt.

Der Drache fliegt relativ tief, ich sehe Berge, Meer, Ebenen, Eis und Schnee, Wüste … Ich weiß nicht, wo er mich hinbringt.

„Wohin wohl, zu den Drachen natürlich", lacht er.

Wir erreichen ein Gebirge mit spitzen Gipfeln. Das Gestein ist dunkel. Es sieht aus, als wenn die zackigen Bergketten vulkanischen Ursprungs seien. Ich bin gespannt, was auf mich zukommt.

„Sei nicht immer so ungeduldig." Der Drache lacht.

Er verliert etwas an Höhe und ich sehe vor uns ein Tal mit wunderbar grünem Gras und blühenden Blumen. Tiere weiden dort, Rehe, Einhörner, Hasen, Insekten, Schmetterlinge ... Der Drache landet.

„Hat dir der Flug gefallen?", möchte er wissen.

„Er war sehr schön", antworte ich wahrheitsgemäß.

„Steige jetzt ab."

Sternchen und ich verlassen den Rücken des Drachens und schon treffen meine Freunde ein. Auch sie hatten Drachen als Reittiere.

„Wir grüßen dich, Renate."

„Grüßt euch, meine Freunde, ich freue mich, euch zu sehen", erwidere ich.

Alle sind gekommen, inklusive Brummeline. Sie scheint eine dauerhafte Begleiterin von Brummel zu werden.

„Wir sind ein Paar. Wir lieben uns sehr." Brummel schlägt sich stolz mit den Vordertatzen auf die Brust.

Unsere Reit-Drachen mischen sich unter die weidenden Tiere und grasen. Ein mächtiger Drache kommt feuerspeiend auf uns zu, er speit aber nicht in unsere Richtung. Er ist dunkelgrün, hat furchterregende Krallen und glühende Augen. Er besitzt eine rote Zunge, weiße spitze Zähne und einen langen Kopf, der mich an ein Krokodil erinnert. Ich finde, Drachen ähneln ein wenig den Krokodilen, sie sind nur anders gebaut und haben Flügel.

„Uns mit Krokodilen zu vergleichen, ist ziemlich heftig", sagt der Drache, der auf uns zukommt, „aber deine Leser haben so einen Eindruck davon, wie wir aussehen. Ich bin hier, um dich abzuholen. Folgt mir."

Der Drache dreht sich um und geht ohne ein weiteres Wort voran. Wir verlassen die Wiese und erreichen einen Pfad, den schon viele Drachen vor uns gegangen sein müssen, denn er ist tief ausgetreten. Er führt zwischen Felsen hindurch, auf denen Drachen sitzen. Sie scheinen Wache zu halten.

Am Ende des Pfades öffnet sich ein herrlicher Talkessel, der fast aussieht wie das Paradies der Trolle. Es wächst, blüht und gedeiht alles in diesem sonnigen Talkessel und auch ein silberner Bach fließt hindurch, ich höre ihn plätschern.

Das Tal ist voller Drachen. Auf einem Platz in der Mitte sehe ich ein ehrwürdig aussehendes Paar. Es scheint alt zu sein, das dunkle Grün ist bei beiden etwas verblasst, aber die Augen leuchten so frisch und klar wie bei keinem anderen Drachen.

„Kommt näher, ihr braucht keine Angst zu haben. Drachen fressen euch nicht", sprechen sie uns an.

Wir verbeugen uns vor den beiden, denn sie sind zweifellos die Herrscher in diesem Drachenland.

„Du hast Recht, wir sind die Herrscher. Man nennt uns nicht König und Königin, sondern Herrscher und Herrscherin. Ich begrüße euch im Land der Drachen und freue mich, dass ihr den Weg zu uns gefunden habt. Renate, dass du keine Angst hattest und nicht geflohen bist, als der Drache auftauchte, war sehr mutig von dir."

„Ich weiß, dass mir nichts passieren kann und Sternchen war bei mir."

Sternchen kichert, sie sitzt immer noch auf meiner Schulter.

„Sternchen ist eine gute Ratgeberin. Höre auf sie, sie weiß immer Bescheid."

„Das habe ich schon mitbekommen", stimme ich zu.

Sie kichert immer noch und wuselt mein Haar. Aber jetzt fliegt sie zum Einhorn und setzt sich auf dessen Rücken.

„Nehmt Platz."

Wie gewohnt tauchen Bänke auf. Die beiden Drachen sitzen nicht auf Thronen, sondern liegen weich auf einer Fläche, die mit Gras, Stroh und Heu ausgelegt ist.

„Drachen sind auf der Erde ausgestorben, aber in der Anderswelt leben wir weiter. Obwohl wir feinstofflich geworden sind, haben wir immer noch eine wichtige Funktion für die Erde. Es gibt viele Menschen, die Drachen bewundern und glauben, dass sie von Drachen begleitet werden, Drachenenergien ihr Eigen nennen, mit Drachenenergien arbeiten. Nun gut, lasst sie in ihrem Glauben. Wir Drachen sind Helfer von Mutter Erde."

„Was macht ihr auf der Erde?"

„Wir legen Feuer! Wenn Mutter Erde beschließt, dass irgendwo ein Waldstück brennen soll, damit Neues entsteht, ruft sie uns und mit unserem Atem entfachen wir das Feuer. Die Feuergeister unterstützen uns. Wenn wir das Feuer gelegt haben, brennen sie nieder, was Mutter Erde vernichtet haben möchte."

„An so etwas habe ich nie gedacht."

„Du hast dich mit diesen Dingen nicht befasst. Du weißt, dass es Waldbrände gibt, für die Menschen keine Erklärung haben."

„Das weiß ich. Wenn es sehr heiß ist, brennen oft Wälder. Aber das Feuer kann auch durch eine Scherbe, einen Blitz oder so ausgelöst sein."

„Das denken die Menschen, aber es sind die Drachen. Manche Dinge müssen zerstört werden, damit Neues wachsen kann."

„Leider wachsen dann oft Häuser und nicht Natur."

„Das wissen wir und deshalb sind wir und Mutter Erde sehr traurig. Trotzdem müssen wir zerstören, Altes muss hinweggefegt werden, um Platz für Neues zu schaffen. Dafür sind wir Drachen zuständig, indem wir Feuer legen."

„Die Riesen zerstören auf ihre Art[7] und wir auf unsere. Wir arbeiten auch zusammen, aber die Riesen haben Angst vor uns, weil wir vor langer Zeit aus Versehen einen von ihnen angebrannt haben. Wir konnten ihn retten, aber trotzdem haben sie Angst."

„Also, Mutter Erde sagt, ,ich möchte dieses Waldstück erneuern' und ihr geht hin und setzt es in Brand?"

„Ja."

„Was ist mit den Menschen, die sagen, dass sie mit Drachen und Drachenenergie arbeiten?"

„Darüber reden wir jetzt nicht. Menschen sind manchmal mit sehr viel Phantasie gesegnet."

„Gibt es auch noch andere als Feuerdrachen?"

„Es gibt nicht nur Feuerdrachen. Aber nur wir leben in diesem wunderschönen Tal in der Anderswelt. Wir sind nicht viele. Du weißt, dass wir auf der Erde ausgestorben sind. Wenn eine Tierart die Erde verlässt, gibt es davon immer einige Exemplare in der Anderswelt. Du hast etliche bei Manitu gesehen."[8]

„Drachen habe ich dort nicht gesehen."

„Du hast nicht alle Tiere gesehen, denn dann müsstest du mehrere Wochen bei Manitu bleiben."

„Ich verstehe … Jetzt bin ich verdutzt. An Feuer habe ich überhaupt nicht gedacht. Ich habe einen Drachen bei der Elfenkönigin gesehen, der war nicht dazu da, Feuer zu machen, sondern zu beschützen."

„Auch das ist eine Aufgabe der Drachen. Wir beschützen in der Anderswelt in erster Linie Reiche, die von Frauen regiert werden. Frauen sind nicht mit Waffen bewandert und können sich nicht wehren, wenn sie überfallen werden."

„Es wird erzählt, wir hätten auf der Erde Frauen entführt. Das stimmt. Wir haben sie aber nur entführt, um sie zu beschützen. Wenn ein böser Mann eine schöne Prinzessin heiraten wollte, die unter ihm gelitten hätte, haben wir die Prinzessin entführt. Wir haben sie nicht in das Land der Drachen gebracht, sondern dorthin, wo es ihr gut geht. Aber das berichten eure Märchen nicht – ist auch egal, weil diese Zeiten vorbei sind. Wir leben nur noch in der Anderswelt und hier entführen wir keine Prinzessinnen, keine Feen und auch keine Elfen. Wir passen auf sie auf."

„Wir sind machtvoll, wenn wir kämpfen. Feuer reinigt, Feuer ist eine mächtige Waffe gegen die dunklen Kräfte.

Sie kommen nur selten, weil sie Angst haben, sich in unserem Feuer zu wandeln, wie soll ich das ausdrücken – auf einmal gut zu werden. Sie wollen es nicht. Einige kommen aber bewusst und lassen sich von uns Drachen verbrennen. Sie haben erkannt, dass das Böse keine Zukunft hat, aber es sind wenige."

„Euer Feuer ist eine wunderbare Sache. Ich freue mich, dass ihr die Elfen beschützt und auch die Feen."

„Wir beschützen die Elfen, Feen und andere weibliche Völker in der Anderswelt, die du noch nicht kennengelernt hast. Du wirst sie kennenlernen, da bin ich sicher."

„Beschützt ihr auch das Besondere Land?"

„Wir schützen seine Außengrenzen, weil die Seelen in dem Besonderen Land die Begehrlichkeit der dunklen Kräfte wecken. Sie versuchen, sie abzuwerben, aber soweit kommt es nicht, weil wir Drachen aufpassen."

„Wir sind die Beschützer in der Anderswelt und die Helfer von Mutter Erde. Du hast dir überhaupt noch keine Gedanken über Drachen gemacht?"

„Das habe ich nicht und ich bin erstaunt – zum einen, dass ich hier bin, und zum anderen über die Informationen."

Der Drache lacht. „Du hast noch viele Gastgeber, die Schlange stehen und dir Neues erzählen werden, aber heute haben wir dich gerufen. Wir wollen dich warnen."

„Wovor?"

„Vor dem Feuer des Krieges. Es kommt immer näher. Sucht euch Schutz."

„Wie soll ich mich vor dem Feuer des Krieges schützen?"

Der Herrscher antwortet nachdenklich: „Das ist eine gute Frage. Die Erde bietet nicht viel Schutz. Wenn wirklich Bomben geworfen werden, fallen sie flächendeckend. Du müsstest das Land verlassen, aber es wird kaum ein Land geben, in dem die Bomben nicht fallen."

„Ihr Menschen, betet in der Natur zu den Göttern, dass dieses Szenario nicht eintritt. Noch könnt ihr es verhindern. Betet für Frieden – nicht innerhalb eurer vier Wände, sondern draußen! Zündet Kerzen an mit dem Wunsch nach Frieden. Die Kerzen tragen das Anliegen zu den Göttern und ins Universum. Noch kann die Entwicklung gestoppt werden."

„Ich möchte nicht, dass ein weiterer Krieg ausbricht. Er könnte das Ende der Menschheit bedeuten. Manche Staaten werden sich nicht scheuen, Atombomben zu werfen. Wie kurzsichtig! Sie müssen doch wissen, dass sie Mutter Erde mit ihren Bomben zerstören, dass der Fallout vom Wind über den ganzen Erdball getragen wird. Selbst, wenn sie sich in Bunker zurückziehen, was manche vorhaben, werden sie nicht überleben. Bis die Erde wieder bewohnbar ist, dauert es viele tausend Jahre. Das werden diese Menschen und ihre Nachkommen nicht überleben. Der Mensch kann ohne Sonne nicht sein. Eine künstliche Sonne kann die richtige Sonne nicht ersetzen."

„Sage das den Menschen, die mit dem Gedanken spielen, Krieg zu führen und in Bunker zu flüchten. Sie und keiner ihrer Nachfahren wird überleben. Die Erde wird tot sein wie der Mars und die Venus. Nur langsam wird Mutter Erde die Kraft finden, wieder Neues wachsen zu lassen. Das wird viele Jahre dauern und dann gibt es keine Menschen und keine Tiere mehr, wie ihr sie heute kennt. Mutationen vielleicht."

„Die Tiere überleben?"

„Insekten und Bodentiere eventuell, aber die Säugetiere überleben es nicht."

„Du machst mir Angst. Aber es hat keinen Sinn, zu fliehen, das hast du mir deutlich gemacht. Es gibt kein Mittel, mich zu schützen. Ich könnte in die Anderswelt fliehen, aber mein Körper würde trotzdem zerfallen. Das würde auch keinen Sinn machen."

„Ihr habt immer noch Mittel in der Hand, um den Krieg zu verhindern. Betet draußen, damit die Götter euch hören, damit das Universum euch erhört, Padre und Madre Universalis. Sie haben die Macht, betet zu ihnen."

„Ich habe lange nichts von ihnen gehört."

„Im Moment beschäftigen sie sich mit anderen Planeten, auf denen die Kriegsgefahr noch größer ist als bei euch."

„Ich dachte, die Götter können sich vervielfältigen."

„Das können sie auch, aber sie haben Haupt- und Nebenenergien und die Hauptenergien sind im Moment auf die anderen Planeten gerichtet. Ihr bekommt Nebenenergien, weil die Kriegsgefahr bei euch nicht ganz so groß ist. Ihr habt es immer noch in der Hand, das Steuer herumzureißen."

„Ich habe gehört, dass Drachen weise sind."

„Drachen sind sehr weise."

„Können Drachen in die Zukunft sehen?"

„Nur manchmal. Du weißt, dass die Zukunft nicht eindeutig ist. Es ist ein mögliches Szenario, das ich dir vorgestellt habe. In diesem Moment ist es das Wahrscheinlichste, aber im nächsten Moment kann etwas passieren, das die Zukunft verändert. Ich wünsche, dass etwas passiert, das sie zum Guten verändert. Ihr guten Menschen, ihr könnt dazu beitragen durch eure Gebete, eure Wünsche, eure Rituale, euren Willen, Frieden zu haben."

„Ich habe Hoffnung, dass wir es abbiegen, dass genug Menschen deine Botschaft hören, lieber Drache, sie sich zu Herzen nehmen und handeln."

„Das wünsche ich auch. Ich wünsche es der Erde und ich wünsche dir, dass du nicht in einem Feuersturm zu Asche zerfällst."

„Die Seele überlebt solch einen Feuersturm?"

„Sie überlebt diesen Feuersturm, aber sie ist geschädigt und braucht lange Zeit, um wieder eins zu werden."

„Der Feuersturm ist so heiß, dass er die Seele berührt?"

„So ist es, aber die Seele heilt sich, es dauert nur sehr lange."

„Ich verstehe. Es ist nichts Gutes, was da kommt."

„Wenn es so kommt, ist es nichts Gutes, aber ihr habt es in der Hand, jeder für sich. Ihr müsst nicht gemeinschaftlich beten, aber betet draußen für den Frieden. Vater Mars hat es erklärt[9], nehmt ernst, was er gesagt hat. Das war mein Schlusswort."

„Lieber Drache, ich freue mich über die Informationen, die ich von dir über die Drachen bekommen habe, aber über deinen Blick in die Zukunft bin ich geschockt."

„Ich kann es nicht ändern, es ist das, was ich sehe. Aber ich sehe auch einen Hoffnungsschimmer, der war nicht dort, bevor ich mit dir gesprochen habe. Die Feuer verblassen. Ihr, die ihr betet und euch für Frieden einsetzt, werdet es schaffen, ich bin optimistisch. Wenn ihr das erreicht, war dieses wichtige Gespräch ein Erfolg."

„Lieber Drache, ich danke dir. Darf ich deinen Namen erfahren?"

„Lache nicht, ich heiße Draco."

„Doch ich muss lachen, weil viele Drachen Draco heißen. Und wie heißt deine Begleiterin?"

„Meine Begleiterin heißt Annabel."

„Jetzt bin ich erstaunt, weil eine gute Bekannte auch Annabel heißt."

„Ich weiß und sie hat auch etwas von den Drachen an sich. Drachenfrauen sind sehr eitel."

„Echt? Wie schmücken sie sich? Die Herrscherin ist nicht geschmückt."

„Sie wollte euch schlicht empfangen, aber Drachenfrauen schmücken sich gern. Sie hängen sich Ketten um den Hals, lackieren ihre Krallen, schminken sich. Sie machen sich wirklich schön und ziehen sich, wenn sie nicht fliegen müssen, auch Kleider an."

„Darf ich so eine Frau sehen?"

„Du kennst deine Annabel, dann weißt du, wie sich Drachen schmücken."

Ich lache. „Ist Annabel ein Drache?"

„Über solche Dinge reden wir nicht und diese Frage beantworten wir nicht. Wir sagen nicht ja und wir sagen nicht nein."

„Ich muss ja auch nicht alles wissen. Vor allen Dingen, in diesem Leben ist sie ein Mensch."

„So muss man es sehen! Es ist nicht wichtig, was man war, sondern es ist nur wichtig, dass man dieses Leben, in dem man gerade ist, gut lebt und seine Aufgaben erfüllt, die man mitbekommen hat."

„Es ist gesagt, was gesagt werden musste. Hast du noch Fragen?"

„Ihr überrascht mich immer wieder und ich hätte noch wahnsinnig viele Fragen, aber nicht heute. Ich weiß noch nichts über Drachenkinder, Ausbildung, wie ihr wohnt, eure Gesellschaftsform, wie ihr lebt, ob ihr Paare habt, all das und viel mehr."

„Die Antworten erhältst du, wenn du uns wieder besuchst."

„Ich danke dir Draco, Herrscher der Drachen."

„Ich bedanke mich für das Gespräch und dein Kommen und ich danke deinen Begleitern, dass sie ebenfalls den Mut hatten, hierher zu kommen."

„Wo Renate hingeht, gehen auch wir hin."

„Das ist eine gute Einstellung. Wir sind stolz auf die Begleitung von Renate, ein toller Haufen."

Sie lachen. „Haufen ist gut."

„Eine großartige Gruppe."

„Eine wunderbare Gruppe. Ich liebe sie sehr", unterstreiche ich.

„Das ist auch richtig so."

Draco und Annabel stehen auf und drehen sich um. Sie verlassen uns. Unser Drachenführer ist wieder da.

„Das war kurz, aber wichtig", sagt er, „folgt mir bitte." Auf der wunderschönen Wiese warten schon unsere Reitdrachen.

„Meine Freunde, ihr habt ein anderes Ziel als ich. Ich wünsche euch eine gute Reise und ich hoffe, dass wir uns bald wiedersehen."

„Liebe Freundin, das war interessant, danke, dass du uns mitgenommen hast. Wir hoffen, dass du bald wiederkommst. Und alles Gute im neuen Jahr."

„Das wünsche ich euch auch. Möge das neue Jahr besser sein, als Draco es prognostiziert hat", antworte ich.

„So ist es, möge der Friede auf der Erde regieren."

„Das wünsche ich von Herzen", unterstreiche ich.

„Steigt endlich auf", sagen die Drachen. „Wir haben Hunger und möchten wieder Zuhause sein, bevor es Abendessen gibt."

Jetzt lachen wir alle ganz herzlich.

„Wenn ihr Hunger habt, möchten wir euch nicht warten lassen", schmunzele ich.

Jeder von uns setzt sich auf seinen Drachen und wir winken uns zu. Meiner hebt ab und schon geht es in Richtung Heimat. Ich spüre den Vorhang und sehe auch schon meinen Startplatz. Mein Drache landet.

„Oh man, ich habe das Geschenk vergessen. Würdest du es bitte für die Herrscher mitnehmen?"

„Aber ja doch."

„Ich würde zu gern wissen, was darin ist."

Es ist ein wertvolles Fabergé-Ei. Das ist sicherlich für Annabel, damit sie sich schmücken kann. Ich wünsche ihr viel Spaß damit.

„Wir danken dir im Namen unserer Herrscherin. Sie wird es sicherlich ausstellen, wo sie auch die anderen Geschenke ausstellt."

„Schön! Ich wünsche dir eine gute Heimreise und guten Appetit."

„Ich danke dir und komme gut zurück."

Der Drache hebt ab, zischt und weg ist er. Ich komme zurück in meine Welt …

Der Herr der Buchen:
Sprecht Bäume heilig

Mein Startplatz ist kreisrund und umgeben von wilden Rosen. Zwischen ihnen ist eine Öffnung, durch die ich gehe. Auf dem Startplatz erwarten mich zahlreiche Einhörner. Sie glitzern, als ob sie mit Silberstaub besprenkelt seien. Ein Einhorn verbeugt sich vor mir.

„Wir grüßen dich, Renate. Wir sind hier, um dich zu deinen Gastgebern zu bringen."

„Ich freue mich, dass ich mit Einhörnern reisen darf. Du bist nicht mein Sturmwind", stelle ich fest.

„Sturmwind gehört zu deinen Freunden und Begleitern. Ich bin aus seiner Sippe und heiße Grauweiß."

„Wieso Grauweiß, du bist doch weiß?"

„Grau ist mein Alter und Weiß meine Farbe."

„Passender Name!", finde ich.

„Bitte, steige auf."

Ich klettere auf den Rücken des Einhorns und um uns herum sammelt sich die Herde.

„Die Einhörner geben uns Geleit, denn die dunklen Kräfte sichern mittlerweile die Luft. Sie wissen, dass du oft fliegst und möchten dich unbedingt erwischen."

„Ich verstehe, aber ich habe keine Angst."

„Du musst auch keine Angst haben, die guten Kräfte des Universums und die Götter sind mit uns. Bist du bereit?"

„Ja," antworte ich erwartungsvoll.

„Dann lasse uns starten, sagt das Einhorn und galoppiert los. Da es keine Flügel hat, läuft es durch die Lüfte, als ob dort Wege wären. „Das können Einhörner, sie brauchen keine Flügel", erklärt mir Weißgrau.

Wir galoppieren schnell, es ist ein wunderbares Gefühl. In der Ferne sehe ich eine Armee der dunklen Kräfte, sie rollt heran wie eine schwarze Wolke, aber wir sind zu schnell und lassen sie hinter uns. Ich höre sie fluchen und schimpfen. Sie haben schnelle Pferde, aber mit den Einhörnern können sie nicht mithalten.

„Sie haben es wieder versucht", seufze ich.

„Sie werden es immer wieder versuchen. Sie wollen dich bremsen und das können sie nur auf den Reisen, denn in deiner Welt bist du so geschützt, dass sie nicht an dich herankommen. Sie denken, dass es in der Anderswelt einfacher ist. Das ist ein Irrtum. Du bist auch auf den Reisen geschützt, alle guten Kräfte sind mit dir."

„Darüber bin ich sehr froh. Dankeschön."

„Wir freuen uns, dass du uns besuchst."

Wir haben den Vorhang passiert und sind in der Anderswelt. Immer noch galoppiert das Einhorn.

„Wo bringst du mich hin?", möchte ich wissen.

„Du kennst doch die Antwort", lacht das Einhorn, „lasse dich überraschen. Wir dürfen es nicht sagen."

Die Einhörner folgen der Krümmung der Erde. Eine wunderschöne, sonnenbeschienene Blumenwiese liegt unter uns. Ich spüre die Sonne auf mir, es ist ein herrliches Gefühl.

„Wir werden auf dieser Wiese landen", kündigt das Einhorn an und setzt sanft auf.

„Das war ein wunderbarer Ritt", sage ich begeistert, „ich danke dir, Grauweiß."

„Es war mir eine Freude, dich zu tragen."

„Uns war es eine Freude, euch zu begleiten", erklären die anderen Einhörner.

Ich steige ab und streichele alle Einhörner.

„Wir holen dich nachher wieder ab", rufen sie.

Sie laufen los und sind schon aus meinem Blickfeld verschwunden. Ich harre der Dinge, die da kommen werden. Als erstes kommen meine Freunde.

„Hallo, schön, dass du wieder da bist." Sie umarmen mich. „Wir freuen uns sehr, dich zu sehen."

„Ich freue mich auch. Es ist schön, dass ihr alle wieder da seid, inklusive Brummeline. Bist du jetzt meine Dauerbegleiterin?", möchte ich von der Bärin wissen.

„Ja, es wurde so bestimmt."

Auch das Einhorn ist da, der Illumant, Karl, Chowei, Kalaya und Lillie, El Morya und Merlin und natürlich mein Schutzengel.

„Ich bin glücklich, dass ihr mich wieder begleitet. Ohne euch könnte ich nicht reisen", wende ich mich an meine Freunde.

„Wir würden ohne dich vieles nicht sehen und hören. Wir lernen auch durch dich, Renate", antworten sie.

„Ihr seid schon wieder am Sülzen", mischt sich eine Stimme ein.

Vor uns steht eine graue Gestalt – lang und dünn wie ein Lineal. Das Wesen hat Arme und Beine und ist jutesackfarben gekleidet. Oben hat es einen rechteckigen Kopf, man sieht keinen Hals, sondern das Lineal endet in Augen, Mund und Nase. Darüber sind strubbelige Haare.

Das Wesen lacht: „Du hast mich grandios beschrieben. Ich bin gekommen, um euch abzuholen. Bist du jetzt fertig mit der Beschreibung?"

„Ich bin fertig. Meine Leser möchten gern wissen, mit wem ich rede", erkläre ich.

„Das ist verständlich und du musst es ja so ausdrücken, dass sie sich ein Bild machen können."

„Genau. Ich hoffe, du nimmst mir den Vergleich mit dem Lineal nicht übel."

„Er passt schon. Wollt ihr mir folgen?"

„Wohin geht's denn?", möchte ich wissen.

„Lasse dich überraschen, das hast du doch schon einmal gehört." Wir lachen.

Mein Schutzengel sitzt auf meiner Schulter und sagt: „Es ist alles in Ordnung, wir können ihm folgen."

Die Gestalt ist zwei bis drei Mal größer als ich. Sie geht mit langen Schritten über die Wiese und wir müssen uns beeilen, um mitzukommen, aber das scheint sie nicht zu stören.

Wir überqueren ein Geröllfeld. Dahinter wächst eine Dornenhecke, die sich für uns öffnet. Wir betreten einen herrlichen Wald. Ich höre die Bäume miteinander flüstern, Vögel singen, Insekten summen, Naturwesen – Elfen, Wichtel – kümmern sich um die Tiere und Pflanzen. Es ist friedlich hier, eine wunderbare, positive Stimmung.

„Kommt weiter."

Wir folgen unserem Führer zu einer kreisrunden Lichtung. In ihrer Mitte steht ein wunderschöner Baum. Ich denke, es ist eine Buche.

„Du hast recht. Die Buche möchte mit dir reden. Heute bist du zu Gast bei den Bäumen, speziell bei den Buchen, denn alle Bäume sind unterschiedlich. Du liebst Buchen und deshalb fangen wir damit an."

Kreisförmig um den Baum wachsen Steine aus dem Boden. Wir setzen uns darauf.

„Seid willkommen", sagt der Baum. Aus seiner Rinde schaut uns jemand an. Er hat große, freundliche Augen, spitze Ohren, ein spitzes Kinn und ich sehe Nase und Mund.

„Ich bin das Baumwesen, der Geist dieses Baumes. Der Baum lebt durch mich und ich lebe durch diesen Baum. Du hast ein Baumwesen als Freund, liebe Renate."

„Stimmt."

„Es hat gedauert, bis das Wesen Vertrauen zu dir fasste."

„Das stimmt auch."

„Aber ihr seid Freunde geworden! Ich freue mich, dass du Padre und Madre Universalis geweckt hast, nachdem es dich darum gebeten hat."

„Es kam mir irgendwie … richtig vor."

„Ich möchte, dass du weiterhin mit diesem Baumwesen sprichst. Es zeigt sich dir und es möchte nicht, dass du es anderen Menschen zeigst. Es ist dein Baum, dein Freund

und möchte nicht von anderen Menschen missbraucht werden."

"Ich werde es beherzigen. Bist du der Herr der Buchen?"

„Ich bin der Herr der Buchen auf der Erde und in der Anderswelt, die Oberbuche, wie du sagen würdest", lacht er.

„Du hast häufig bedauert, dass du noch nicht bei den Bäumen warst. Das holen wir heute nach. Ich möchte dir von den Baumwesen erzählen."

„Die Bäume sind die obersten Bewohner der Pflanzenwelt. Wer das Dasein eines Baumes erreicht, ist in der Hierarchie ganz oben – auch das Wesen, das deinen Baum bewohnt, ist in der Hierarchie ganz oben."

„Eine Frage. Wenn sich beispielsweise ein Grasbüschel zu einem Baum entwickelt, ist das Wesen des Grasbüschels dann auch in dem Baum?"

„Das Wesen des Grasbüschels entwickelt sich und mit seiner Entwicklung wächst es und wird zum Wesen anderer Pflanzen, bis es zu einem Baumwesen wird."

„Also warst auch du einmal ein Grasbüschel?"

„Auch ich war ein Grasbüschel, sogar noch kleiner. Moose zum Beispiel sind kleiner als Gräser und es gibt noch winzigere Pflanzen."

„Du hast dich also zu einem Baumwesen entwickelt. Erzähle weiter, bitte."

„Gut. Sagen wir einmal, ich war vorher ein Busch. Als dieser Busch gestorben ist, bin ich als Baum neu gewachsen. Du musst wissen, wenn eine der niederen Pflanzen stirbt, verlässt sein Wesen die Pflanze. Es geht in die Besondere Welt, wo es sich von dem Schock erholt. Danach wird es wieder zurück auf die Erde geschickt. Es zieht in einen Samen. Mit diesem Samen wächst das Wesen, zum Beispiel zu einem Baum. So war es auch bei mir. Aus einer kleinen Buchecker bin ich zu dieser riesigen Buche gewachsen."

„Wie bist du zur Oberbuche geworden?"

„Das war von Anfang an meine Bestimmung. Die Oberbuche vor mir ist zum Göttlichen gegangen. Jetzt bin ich die Oberbuche. Es wächst aber schon eine neue heran, damit wir nicht ohne Oberbuche sind, wenn ich gehe."

„Du bist jetzt in der Anderswelt, aber wie ist das auf der Erde, wenn ein Waldarbeiter dich absägen würde? Würdest du dann auch zum Göttlichen gehen?"

„Wenn ich abgesägt werde, gehe ich nicht zum Göttlichen, sondern werde heimatlos. Ich kann nur zum Göttlichen gehen, wenn mich der Sturm fällt oder ein sonstiges Naturereignis."

„Wenn jetzt ein Sturm käme und dich entwurzeln würde, würdest du gehen.?

„Dann würde ich gehen und die neue Oberbuche würde meine Aufgabe übernehmen."

„Bäume haben Seelen, ist das richtig?"

„Ja, Bäume haben Seelen."

„Haben sie eine Einzelseele oder eine Gemeinschaftsseele?"

„Bäume sind die einzigen Pflanzen, die eine Einzelseele haben, alle anderen haben eine Gemeinschaftsseele. Wenn zum Beispiel ein Busch stirbt und als Baum wiedergeboren wird, bekommt er eine eigene Seele. Der Baumgeist hat auch eine eigene Seele und mit ihm der Baum."

„Die Geister der Gräser, Büsche usw. haben keine eigene Seele?"

„Doch, sie haben eine Seele, aber es ist etwas kompliziert. Ein Grasbüschel zum Beispiel hat eine Gemeinschaftsseele mit allen anderen Grasbüscheln. Diese Gemeinschaftsseele ist in einem Besonderen Land der Gemeinschaftsseelen, aber dieses Grasbüschel hat auch ein Naturwesen, das sich um das Gras kümmert. Dieses Naturwesen – Grasbüschelwesen – hat eine eigene Seele. Wenn das Gras von einer Kuh gefressen wird, geht dieses Teil der Grasbüschelseele zurück zur Gemeinschaftsseele und die Seele des Naturwesens geht in das Besondere Land des Naturwesens und wird entweder erneut als

Grasbüschelwesen oder als nächsthöheres Pflanzenwesen wiedergeboren."

„Wer bestimmt, als was es wiedergeboren wird?"

„In dem Besonderen Land wird der Weg der Seele des Naturwesens festgelegt und es hängt von seiner geistigen und seelischen Entwicklung ab, ob es als Grasbüschelwesen oder als höheres Pflanzenwesen wiedergeboren wird. Manche Grasbüschel haben nicht die Chance, sich zu entwickeln, weil sie gefressen, niedergetrampelt oder abgemäht werden."

„Ich verstehe. Was ist deine Aufgabe als Oberbuche?"

„Ich achte auf die Buchen – auf der Erde, in der Anderswelt und auf allen Planeten, wo Buchen wachsen."

„Gibt es auf anderen Planeten auch Buchen?"

„Die Buche ist ein universeller Baum und Kometen tragen Bucheckern zu anderen Planeten. Manche Planeten oder sonstigen Himmelskörper tragen den Samen der Buche. Wenn er Lebensbedingungen vorfindet, um zu wachsen, keimt er. Die Buche ist immer eine der ersten Pflanzen auf einem Planeten. Sie ist etwas Besonderes. In der Edda wird erzählt, dass Odin in einem Buchenbaum hing und die Runen empfangen hat. Das ist richtig. Die Buche hat ihm die Bedeutung der Runen zugeflüstert und er hat sie aufgeschrieben. Daher kommt das Wort Buchstaben."

„Woher habt ihr die Runen?"

„Die haben wir von den göttlichen Mächten. Die Götter der Germanen haben sich zusammengetan, um diese uralte Schrift für menschliche Bedürfnisse zu vereinfachen, damit die Germanen sich auch schriftlich ausdrücken konnten. Ihr habt es noch nicht verstanden, die Runen zu entziffern. Manche glauben, dass sie es können, aber ihr könnt es nicht. Ihr habt nicht die Magie der Runen begriffen. Manche benutzen sie als Orakel, aber dafür sind sie nicht gedacht. Schon eher, wie du es machst, als Schutz – aber im Großen und Ganzen ist die Magie der Runen genauso wenig entziffert wie ihre Bedeutung."

„Ich verstehe. Aber zurück zu dir. Wie passt du auf die Bäume auf?"

„Ich versuche, sie zu beschützen, aber es ist schwierig. Ich sage Mutter Erde, was für die Buchen gut ist. Mutter Erde hört meinen Rat und befolgt ihn oder auch nicht. Das ist ihre Entscheidung, aber sie hört gern meinen Rat, weil sie sich nicht um jede Kleinigkeit selbst kümmern kann. Sie hat Ratgeber und als Oberbuche gehöre ich dazu, ebenso wie die anderen Bäume dazugehören, die Obereichen, die Oberpappeln, die Oberbirken .... Und auch die Bäume der anderen Kontinente."

„Gibt es tief im Meer Bäume?"

„Der Baum braucht Sauerstoff aus der Luft und er braucht Kohlendioxid aus der Luft, das er in Sauerstoff umwandeln kann. Im Meer ist Kohlendioxid nicht in der Form enthalten, wie wir sie benötigen, um daraus Sauerstoff zu machen. Deshalb gibt es im Meer keine Bäume."

„Ihr Menschen macht einen Riesenfehler, wenn ihr zu viele Bäume tötet, denn ihr zerstört dadurch eure Sauerstoffatmosphäre. Aber das begreifen diejenigen nicht, die für Profit die Bäume abholzen oder roden. Palmen sind schön und gut, aber sie haben nicht so viel Blattvolumen wie zum Beispiel eine Buche oder Tanne. Der Sauerstoff wird knapp, wenn ihr so weitermacht. Aber das ist euer Problem."

„Wir Buchen haben uns früher um die Menschen gekümmert, aber wir kümmern uns kaum noch. Wir leben unser Leben. Wir wissen, dass ihr uns tötet und sind traurig darüber. Wenn uns jemand fragt, ob er uns schlagen darf, weil er Feuerholz braucht oder für sich selbst ein Haus bauen möchte, dann antworten wir mit ‚ja' und das Baumwesen weiß, dass es diesen Baum verlassen muss, weil er geschlagen wird. Das ist nicht so schmerzhaft für das Baumwesen, als wenn es sich aus einem geschlagenen Baum lösen muss. Wenn es vorher Bescheid weiß, kann es den Baum in Frieden verlassen."

„Was machen die baumlosen Baumwesen?"

„Sie suchen sich einen Baum, in dem sie als Gast willkommen sind. Sie sind nicht Herr des Baumes und warten, dass er eines natürlichen Todes stirbt. Dann können alle Baumwesen, die darin zu Gast sind, in das Besondere Land und als Geist eines eigenen Baumes wiedergeboren werden."

„Wenn die Baumwesen in einem Baum sind, der ihnen nicht gehört, gehen sie nicht zum Göttlichen?

„Sie gehen nur zum Göttlichen, wenn ihr eigener Baum fällt."

„Sagst du auch Bäumen, dass sie mit Menschen reden sollen?"

„Wenn ein Mensch sich einen Baum aussucht, sage ich dem Baum, ob er mit dem Menschen sprechen soll oder nicht. Manche Menschen denken, sie können mit jedem Baum reden, aber das geht nicht. Bäume sind Individualisten und halten nicht viel von Menschen. Du redest mit einigen, nicht nur mit einem, und das wird gutgeheißen, auch vom Hüter des Waldes und vom Hüter der Buchen des Waldes. Jede Baumart in einem Wald hat einen Hüter, weil die Oberbäume nicht überall sein können. Die Hüter der Buchen arbeiten in meinem Namen. Wenn sie sehen, dass Menschen achtsam mit Bäumen umgehen, erlauben sie den Bäumen, mit diesen Menschen zu reden."

„Der Hüter des Waldes passt auf den Wald auf?"

„Ja, aber gegen die Maschinen der Menschen hat er keine Chance und ihm sind auch dann die Hände gebunden, wenn die Vorsehung einen Baum fällen will. Aber das Leben zwischen Geburt und Tod ist in der Obhut des Hüters. Er achtet auf den Wald. Er ruft die Waldwichtel, wenn ein Baum sich nicht entwickeln kann, er ruft die Bienen, damit die Bäume Früchte tragen."

„Und was machen die Elfen?"

„Die Elfen unterstützen die Bäume, indem sie ihnen Energie geben."

„Das müssen Baumelfen sein, das können keine Lichtelfen?"

„Lichtelfen auch, aber Baumelfen sind wichtig, weil sie spezielle Fähigkeiten haben. Sie wissen, wie man einen Baum behandelt, wie man ihm gezielt Energie gibt. Sie kennen die Energiekanäle. Das ist wichtig für einen Baum. Wenn du nur in die Rinde Energie gibst, wie es die Lichtelfen machen, bekommen die Wurzeln nichts ab. Es gibt Energiekanäle und die Baumelfen kennen sie. Sie sind dafür ausgebildet."

„Hat jeder Baum eine eigene Elfe?"

„Nein, eine Baumelfe hat ein Gebiet, das sie betreut. Nicht jeder Baum braucht jeden Tag Elfenenergie."

„Ich verstehe. Ich werde unruhig."

„Ich merke das."

„Ich hatte mich darauf gefreut, mit den Bäumen zu sprechen und jetzt zieht es mich zurück, ich weiß nicht, warum."

„Du hast viel Wissen über uns Bäume erhalten."

„Seid ihr auch manchmal unfreundlich zu Menschen, indem ihr sie über eure Wurzeln stolpern lasst oder Baumgeister Menschen angreifen?"

„Das kann vorkommen. Menschen, die uns schaden, stolpern häufig über Wurzeln oder sie werden auch mal von einem Baumgeist angegriffen."

„Kann der Baumgeist seinen Baum verlassen?"

„Es ist wie bei den Steingeistern. Wir haben einen bestimmten Radius, in dem wir uns frei bewegen können, aber wir können den Kreis nicht verlassen. Der Radius ist nicht sehr groß."

„Aber ihr könnt aus dem Baum heraustreten?"

„Wir können den Baum verlassen. Das machen wir auch manchmal."

„Warum?"

„Um uns die Beine zu vertreten." Die Oberbuche schmunzelt. **„Natürlich nicht! Wir machen es aus bestimmten Gründen. Ein Gebet zu den Göttern beispielsweise findet eher Gehör, wenn es außerhalb des Baumes gesprochen wird, wenn keine Wände das Gebet aufhalten**

könnten. Es geht zwar durch Holz, aber es muss sich mühen. Manchmal verlassen wir unseren Baum, wenn wir tratschen wollen. Es ist lustiger, miteinander zu reden, wenn man sich sieht."

„Wie seht ihr aus, wenn ihr den Baum verlassen habt?"

„Wir haben eine knorrige Gestalt. Sie erinnert an einen Baumstumpf mit sich bewegenden Ästen. Du hast einmal ein Baumwesen fotografiert, das wie sich bewegende Äste aussah."

„Das stimmt."

„So ähnlich sehen wir aus, wenn wir aus dem Baum heraustreten. Wir haben keine menschenähnliche Gestalt. Nur die Gesichter, die dich aus den Bäumen anschauen, sind menschenähnlich, damit du uns erkennst."

„Ihr könnt euch verwandeln?"

„Wir können uns wie die Elfen verwandeln. Wir können die Energie steuern, wir können die Rinde steuern. Du siehst häufig Gesichter in den Bäumen. Oft sind es Verstorbene, die bei uns Zuflucht gefunden haben."

„Was passiert mit den Verstorbenen, wenn ihr eines natürlichen Todes sterbt?"

„Dann haben sie die Chance, ins Licht zu gehen."

„Sie können euch nicht verlassen, solange ihr lebt?"

„Wenn sich die Seele entschieden hat, in einen Baum einzuziehen, bleibt sie dort, bis der Baum gefallen ist."

„Und wenn ein Mensch diesen Baum fällt?"

„Dann bleibt die Seele in dem Baum, sie kann ihn nicht verlassen und muss warten, bis der Baum verrottet ist. Erst dann kann sie ihn verlassen und ins Licht gehen oder in einen anderen Baum, das ist ihr überlassen. Aber wenn der Baum natürlich fällt, kommen die Begleiter und holen die Seele ab – sofern sie ins Licht möchte."

„Das ist interessant. Ihr seid sehr nützlich für die Menschen und trotzdem werdet ihr oft misshandelt. Euch werden die Äste abgeschnitten, ihr werdet zugepflastert …"

„Der Mensch kann den Baum nicht mehr würdigen. Früher gab es heilige Bäume und auch jetzt sollte es wieder heilige Bäume geben. Das Beten zu heiligen Bäumen und die Rituale für sie stärken die Art. Eine heilige Linde, in deren Schatten gebetet wird, stärkt die ganze Art. Eine heilige Buche, in deren Schatten gebetet wird, stärkt die ganze Art."

„Reicht es, den Baum heilig zu sprechen oder braucht es dazu etwas anderes?"

„Es reicht, den Baum heilig zu sprechen. Wie ihr die Steine aktiviert[10], könnt ihr den Baum aktivieren und als heilig von den Göttern markieren lassen."

„Macht man das einmal oder öfter?"

„Beim Baum reicht es einmal. Die Götter markieren ihn als heilig und alles Gute, was ihr diesem Baum tut, tut ihr allen Bäumen dieser Art. Wenn du einem heiligen Baum Energie gibst, dann gibst du sie allen Bäumen dieser Art, wenn du einem heiligen Baum Gaben schenkst, erhalten sie alle Bäume dieser Art. Und wenn du mit einem heiligen Baum sprichst, dann hat er die Unterstützung aller Wesen seiner Art."

„Also wäre es wichtig, wieder heilige Bäume zu haben?"

„Es wäre schön, wenn ihr Bäume heiligsprechen würdet. Du könntest den Baum, in dem das Baumwesen lebt, für heilig erklären und alle Buchen in deinem Wald würden davon profitieren."

„Profitieren nur die Bäume im Waldstück oder alle?"

„Es profitieren alle Bäume, aber das Waldstück ist am nächsten und dort kannst du den Erfolg sehen."

„Und wenn ich Erfolg habe, kommen die Forstarbeiter und fällen die Bäume."

„Wir wissen, dass Menschen unser Holz brauchen. Wenn sie vorher fragen, geben wir es gern. Wir mögen es aber nicht, wenn man uns mit der Motorsäge oder der Axt aus dem Schlaf reißt."

„Wenn Menschen Zweige abschneiden wollen, sollen sie es uns sagen und dann ein, zwei Tage warten, damit wir die Chance haben, unser Leben daraus abzuziehen."

„Hast du mir noch etwas zu sagen, liebe Buche?"

„Ich denke, was gesagt werden muss, habe ich gesagt. Hast du noch Fragen?"

„Ist das bei den anderen Baumarten genauso?"

„Das Prinzip ist bei allen gleich, aber die Baumarten haben natürlich unterschiedliche Aufgaben auf der Erde. Ich meine – wir alle produzieren Sauerstoff, wir alle geben Holz, aber wir sind die Heimat für unterschiedliche Tiere, Moose und Pilze. Wir haben unterschiedliche Aufgaben und deshalb sind auch die oberen Baumwesen unterschiedlich, weil sie ja für die Aufgaben ihrer Bäume zuständig sind."

„Ach so, die Bäume haben noch Aufgaben über das Wachsen hinaus?"

„Sie geben Tieren Schutz und Nahrung und jede Baumart hat ihre Spezialisten."

„Aber ihr werdet oft von Tieren aufgefressen."

„Das ist so, weil ihr das Gleichgewicht zerstört habt. Früher hatten unsere Gegner mehr Feinde, die sie gefressen haben, sie konnten nicht so viel Schaden anrichten wie heute zum Beispiel bei der Kastanie. Aber ihr habt die Feinde getötet und deshalb gibt es so viele Baumkrankheiten, wie ihr es nennt."

„Unsere Früchte sind auch unterschiedlich. Damit nähren wir Tiere. Bucheckern zum Beispiel werden von Wildschweinen geliebt, Vögel und selbst Menschen mögen Bucheckern."

„Ich esse auch gern Bucheckern."

„Siehst du. Die Baumarten haben unterschiedliche Aufgaben und das spiegelt sich in den oberen Baumwesen wider."

„Manche sagen, dass Baumwesen Dryaden sind, ist das richtig?"

„Sie haben sie so genannt und so mag es sein."

„Und Faun?"

„Ein Faun ist etwas anderes. Ein Baumwesen ist kein Faun, aber das wirst du irgendwann erfahren."

„Wer hat uns vorhin abgeholt?"

„Das war ein Ent. Sie sind unsere Boten – in der Anderswelt ebenso wie in der Menschenwelt. Weil wir uns kaum vom Baum wegbewegen können, brauchen wir sie. Sie verbinden die Bäume miteinander, sie bilden das Netzwerk der Buchen und aller Bäume in einem Wald. Wenn sich zwei Bäume verbinden möchten, aber die Wurzeln keinen Kontakt haben, kommen unsere Freunde, die Ents, und bilden eine Brücke zwischen den Wurzeln. Sie leben zum großen Teil unter der Erde, manchmal auch in den Baumwipfeln. Sie sorgen dafür, dass wir Bäume uns vernetzen können."

„Warum müssen sich Bäume vernetzen?"

„Ihr habt doch auch die Möglichkeit, Nachrichten auszutauschen und das müssen wir auch. Ein Wald ist immer vernetzt. Wir vernetzen uns artunabhängig und teilen mit, wenn irgendetwas Besonderes ist, damit sich die anderen Bäume darauf einstellen können. Wenn jemand kommt, der in die Rinde ritzt, oder wenn jemand kommt, der uns liebt, oder wenn jemand mit der Motorsäge kommt, alles das geben wir weiter. Je nachdem, wie der Mensch die Bäume behandelt, wird er von uns behandelt. Wer uns misshandelt, stolpert über Wurzeln, wer uns liebt, dem schenken wir vielleicht etwas Schönes, ein besonderes Blatt, eine schöne Blüte … Es ist unterschiedlich."

„Das ist ein hochinteressantes Thema."

„Ich würde es begrüßen, wenn die Menschen das mit den heiligen Bäumen lesen und lernen, wofür wir da sind und wieder achtsamer mit uns umgehen. Jetzt verabschiede ich mich."

„Ich habe heute gar kein Geschenk."

„Das macht nichts, wir Buchen brauchen keine Geschenke. Wir brauchen eure Liebe und die hast du mitgebracht."

„Dankeschön. Es hat mich gefreut, Herr der Buchen."

Der ellenlange Ent ist wieder da. „Ich bringe euch zurück zu der Wiese, wo die Einhörner landen können."

Wir gehen durch den Wald, passieren die Dornenhecke, die steinige Ebene und sind wieder auf der wunderschönen Wiese. Die Einhörner tummeln sich dort, Grauweiß kommt auf mich zu und stuppst mich.

„War es schön?"

„Es war wunderschön, Grauweiß. Ich weiß nun viel mehr und sehe die Bäume jetzt mit anderen Augen."

„Das musst du nicht, du liebst sie auch so."

„Meine lieben Freunde, ich hoffe, die Reise hat euch gefallen", wende ich mich an meine Begleiter.

„Wir sind begeistert", antworten sie, „wir haben wieder viel dazugelernt." Sie umarmen mich.

„Ich hätte noch Fragen gehabt, jetzt fallen sie mir ein."

Das Einhorn lacht: „Du wirst noch öfter Bäume treffen, dann kannst du deine Fragen stellen."

„Ich verabschiede mich für heute, meine lieben Freunde. Es war mir ein Vergnügen, von euch begleitet zu werden."

„Es war uns ein Vergnügen, dich zu begleiten. Einhörner passt auf, das Dunkle hat noch nicht aufgegeben."

„Wisst ihr was, wir reiten mit", sagen El Morya, Merlin und Karl und schwingen sich auf Einhörner.

„Ich komme auch mit", sagt der Illumant, „ich bin zwar ein geistiges Wesen, aber kämpfen kann ich auch, wenn es sein muss."

„Schön, dann haben wir vier kampfbereite Männer, da kann dir nichts passieren, liebe Renate. Steige auf", freut sich Grauweiß.

Ich steige auf und los geht's. Ich sehe sehr viele Feinde, aber sie erblicken meine Begleitung und fürchten sich.

„Gut, dass ihr bei mir seid", seufze ich erleichtert.

„Wir haben es uns gedacht", antworten die Männer.

Wir passieren den Vorhang, ich bin in Sicherheit.

„Meine lieben Freunde, schön, dass ihr mich beschützt habt. Ohne euch hätten die Gegner mich angegriffen", bin ich mir sicher.

„Das ist wahrscheinlich, wir begleiten dich noch zu deinem Landeplatz. Man weiß nie, was die sich ausdenken."

Ich sehe den Landeplatz vor mir. Er ist umgeben von wilden Rosen und wir landen dort.

„Lieber Grauweiß, ich danke dir, es war ein wunderbarer Ritt. Und meine Freunde …", ich gebe ihnen allen die Hand, „ich danke euch für eure Begleitung."

„Es war uns wie immer eine Herzensangelegenheit." Sie drehen um und rasen mir ihren Einhörnern davon.

Es war eine interessante Reise, aber jetzt komme ich zurück in meine Welt …

Avalon – Das Ende eines Mythos

Der Startplatz ist kreisrund, hat einen hellen Boden und rundherum blühen wilde Rosen. Weiße Pferde sind bei mir.

„Gehe nicht auf den Startplatz", sagt eines der Pferde. „Die dunklen Kräfte waren sehr ruhig in letzter Zeit. Wir befürchten, sie hecken etwas aus. Deshalb sind wir hier. Wir sind die schnellste Herde der Anderswelt, uns können sie nicht einholen. Willst du dir ein Pferd aussuchen oder möchtest du auf mir reiten?"

„Ich nehme gern dich."

„Das freut mich."

Das Pferd hat plötzlich einen weißen Sattel und ich steige auf.

„Haben wir auch ein Geschenk?"

Auf einmal hat der Sattel Taschen und darin ist ein Geschenk in rotem Papier mit einer weißen Schleife.

„Schön, ich bin bereit, es kann losgehen", freue ich mich.

Das Pferd hebt ab und mit ihm die Herde. „Wir sind viele Pferde, damit sie nicht wissen, welchem sie folgen sollen, wenn wir auseinanderstieben. Sie können aus der Entfernung nicht erkennen, auf welchem Pferd ein Reiter sitzt, zumal du jetzt so weiß bist wie wir."

Tatsächlich, ich bin in ein langes, weißes Gewand gekleidet. Wenn ich mich auf den Rücken des Pferdes lege, sieht man mich nicht mehr.

„Gute Idee, lege dich auf meinen Rücken und halte dich an meinem Hals fest."

Liegend biete ich wenig Luftwiderstand und wir galoppieren rasend schnell durch die Luft. Vor uns ist ragt eine große, schwarze Mauer empor. Sie scheint unendlich weit in den Himmel und tief nach unten zu reichen.

„Daran kommen wir nicht vorbei!", befürchte ich.

„Doch, kommen wir!"

Das Pferd nimmt Anlauf und macht einen Satz. Der Sprung trägt uns höher und höher bis zur Krone der Mauer. Das Pferd gleitet darüber und die anderen Pferde tun es ihm nach. Alle haben den Sprung geschafft. Wir hören auf der anderen Seite Flüche. Damit hatten sie nicht gerechnet.

Das Pferd lacht: „Ich sage ja, wir sind die besten Pferde der Anderswelt."

Weiter geht es im Galopp, wir passieren den Vorhang. „Haben sie auf dieser Seite auch eine Falle aufgebaut?", möchte ich wissen.

„Wir wissen es nicht!"

Oh ja! Vor uns ist ein riesiger schwarzer Strudel, der uns zu sich zieht, ich spüre es am Pferd. Es bremst. „Jetzt wird es gefährlich", sagt es.

„Alles ist gut!" Merlin sitzt auf dem Pferd neben mir. Er hat den Zauberstab in der Hand und murmelt etwas. Der Strudel löst sich auf, die Luft vor uns ist klar und rein.

„Das war ein netter Versuch", sagt Merlin, „aber sie haben wohl vergessen, dass ich bei dir bin."

Gemeinsam reiten wir weiter. „Ich passe auf dich auf", sagt Merlin, „falls sie sich noch mehr ausgedacht haben. Aber ich glaube, nach dem Erlebnis mit der Mauer und dem Strudel lassen sie lieber die Finger davon."

„Das hoffe ich auch", sage ich, „danke, lieber Merlin."

„Es war mir ein Vergnügen, meine Freundin."

Im Galopp geht es weiter. Vor uns sehe ich einen wunderschönen See. Am Ufer stehen grüne Büsche und Bäume, Schilf wiegt sich im Wind, Enten und Schwäne schwimmen auf dem Wasser, Fische hüpfen aus den Fluten und schnappen nach Mücken. Auf einer Seite des Sees ist eine kleine Bucht mit gelbem Sand und dort landen wir.

„Das war ein interessanter Ritt, ich danke dir", sage ich beim Absteigen zum Pferd, „holt ihr uns auch wieder ab?"

„Ja, das machen wir."

Die Pferde drehen um und verschwinden im Himmel, Merlin und ich stehen am Ufer des Sees.

„Schauen wir einmal, ob die anderen kommen", sagt er.

„Ich hoffe doch, ich bin so gern in Begleitung meiner Freunde."

„Das hören wir gern", sagt El Morya. Alle kommen.

„Es ist schön, euch zu sehen", freue ich mich. Wir umarmen uns herzlich.

„Gut, dass Merlin die Gefahr geahnt hat," sagt El Morya, „du hast den besten Zauberer der Welt an deiner Seite."

„Das sehe ich auch so", nicke ich zustimmend.

Merlin ist etwas verlegen. „Es gibt noch mehr gute Zauberer, aber ich bin schon ganz gut. Dankeschön."

Alle meine Freunde und Tiere sind da. Ich habe eine wunderbare Begleitung. Und jetzt?

Aus den Tiefen des Sees taucht in seiner Mitte eine Insel mit einem Schloss auf. Es sieht schön aus, aber wir können es nicht erreichen.

„Das sollt ihr auch nicht."

Eine zarte Stimme ertönt aus der Mitte des Sees.

„Wir möchten, dass ihr dieses Schloss seht. Es war einst das Schloss von Avalon. Es ist im See versunken, als Avalon die Erde verlassen hat. Avalon ist nicht gegangen, weil die Bewohner zu gut für diese Welt waren, sondern weil es böse wurde. Die Energien auf Avalon haben sich verändert. Das Gute wurde durch das Böse ersetzt. Nicht unschuldig daran ist Morgana Le Fay."

„Sie war eifersüchtig und herrschsüchtig. Sie wollte alles, was König Artus hat, und sie wollte an seiner Seite sein. Als er Guinevere zur Frau nahm, ist in ihr etwas zerbrochen und sie wurde böse. Sie hat das Klima von Avalon vergiftet. Alle guten Kräfte sind geflohen, die Hüter des Feuers, die Hüter der Erdkristalle. Sie haben die Erdkristalle mitgenommen. Die Priesterinnen sind geflohen und alle Bewohner, sodass Morgana zum Schluss allein auf der Insel war. Sie hat sie mit ihrem Hass, ihrer Eifersucht und ihrem Neid vergiftet – so wie ihr im Moment die Erde mit eurem Hass, eurer Eifersucht und eurem Neid vergiftet."

„Avalon war eine magische Insel. Die guten Kräfte des Universums hatten sie auf die Erde gesetzt, um das Gute zu den Menschen zu bringen, um das Böse, das schon damals stark an Macht gewann, einzudämmen. Es funktionierte am Anfang auch, weil die Bewohner von Avalon sehr spirituell waren und, wie ihr sagt, humanitäre Werte hatten, aber das Wort kannte man damals noch nicht. Sie haben die Mitmenschen geliebt, waren barmherzig, haben geheilt, zu den Göttern gebetet. Sie hatten ein gutes Verhältnis zu den Göttern. Wo sie gingen, wuchs alles besonders gut. Sie haben die Erde betreten und nur Positives hervorgebracht."

„So war Avalon, bis König Artus eine andere Frau wählte und nicht Morgana zur Gattin nahm. Damals hätte er es gekonnt, denn es war nicht unüblich, Geschwister oder Halbgeschwister zu heiraten."

„Hass und Eifersucht haben Avalon vergiftet. Es steht in keinem eurer Bücher, aber so ist es. Avalon wurde dunkel. Die Feuer, die brannten, haben es nicht geschafft, gegen die schwarze Energie anzukommen und die Insel zu reinigen. Als Morgana Menschen um sich scharte, die selbst schwarz waren und ihre schwarze Energie mochten, veränderte sich Avalon. Aus der Insel der Reinheit wurde eine Insel der Düsternis."

„Die guten Kräfte des Universums haben daraufhin beschlossen, das Nest der Dunkelheit verschwinden zu lassen. Die guten Götter haben die Insel fortgetragen. Sie konnten sie nicht in die Anderswelt bringen, weil sie zu dunkel war, aber sie haben sie zu einem Platz auf der Erde gebracht, von wo es sehr schwierig ist, an Land zu kommen und die Menschen zu vergiften. Zusätzlich haben sie Avalon mit einem Fluch belegt. Die Insel ist im Meer versunken und kommt in regelmäßigen Abständen wieder ans Licht. Sie muss ans Licht kommen, damit der Fluch erneuert werden kann. Wenn sie ans Licht kommt und die Götter sehen, dass Morgana Le Fay sich verändert hat, darf Avalon ewig bleiben. Aber noch ist es nicht soweit. Noch immer tobt sie, noch immer schleudert sie das Schwarze hinaus und mit ihr die anderen Bewohner."

„Wie können sie im Meer leben?"

„Sie haben eine Hülle."

„Sind sie unsterblich?"

„Sie sind nicht unsterblich, aber Morgana Le Fay und ihre Anhänger werden ständig auf Avalon wiedergeboren. Es ist so etwas wie eine Schleife. Alles wiederholt sich, bis Morgana gelernt hat."

„Wenn Avalon wieder weiß wäre, würde sich die Menschheit dadurch ändern?"

„Wir hoffen, dass Avalon wieder weiß wird und das Gute zu den Menschen bringt, wie es am Anfang war. Aber noch ist es nicht soweit. Morgana Le Fay ist nicht ansatzweise bereit, das Schwarze von sich abzustreifen. Beim nächsten Auftauchen der Insel werden wir mit ihr reden. Es dauert nicht mehr lange. Aber wir werden nicht sagen, wo sie ist, obwohl du es weißt."

„Ja, ich weiß es."

„Ich möchte nicht, dass du es veröffentlichst."

„Das werde ich nicht."

„Es würden zu viele Menschen am Ufer stehen, wenn Avalon auftaucht und nicht verstehen, dass Morgana Le Fay schwarz geworden ist. Sie beten Avalon an, sie haben nicht mitbekommen, dass es gekippt ist."

„Dass es gekippt ist, habe ich schon von anderer Seite gehört."

„Du bist offen für diese Dinge, dir können wir das erzählen. Aber viele werden schreien, wenn du das berichtest, sie werden sagen, du spinnst."

„Das macht mir nichts, denn ich glaube euch und allen meinen Gesprächspartnern in der Anderswelt."

„Es ist gut, dass du uns vertraust."

„Das tue ich. Darf ich dich auch sehen, oder hast du nur eine Stimme?"

„Du darfst mich auch sehen."

Aus dem Wasser kommt eine wunderschöne Wasserjungfrau. Sie ist in Grün gekleidet und hat Schilf und Tang im Haar und am Kleid.

„Ich bin die Königin der Wasserjungfrauen. Avalon war ursprünglich eine Insel im Süßwasser. Ich bin die Wasserkönigin dieses Sees. Es ist der historische See, in dem Avalon einst lag. Er ist in die Anderswelt gegangen, denn er kann nichts dafür, was die Menschen mit ihm gemacht haben. Wir wollten ihn nicht mehr auf der Erde haben, falls es böse Kräfte gibt, die Avalon zurückschleudern. Wir wollten nicht, dass der See Avalon wieder aufnimmt. Wenn die Insel wieder weiß ist, wird sich auch der See wieder zeigen und Avalon wird in ihn zurückkehren. Aber das ist Zukunftsmusik."

„Warum erzählst du mir die Geschichte von Avalon?"

„Ich erzähle dir die Geschichte, damit du sie verbreitest und manche darüber nachdenken, ob Avalon wirklich so erstrebenswert ist, wie sie sagen."

„Es leben zurzeit auf eurer Erde ehemalige Priesterinnen und Bewohner von Avalon. Sie könnten Zeugnis davon ablegen, wenn sie die Fähigkeit hätten, sich zu erinnern. Ich weiß, dass du jemanden kennst, die die Fähigkeit hat und sie hat gesagt, dass sie noch rechtzeitig weggekommen ist."

„Das ist eine interessante, spannende Geschichte, die du mir erzählt hast."

„Ich hoffe, dass viele Menschen sie akzeptieren."

„Das hoffe ich auch. Im Moment habe ich keine Fragen mehr."

„Ich denke auch, ich habe dir alles erzählt, was wichtig war."

„Hat Merlin die Insel versetzt?"

„Nicht Merlin allein. Es waren die Götter und viele Zauberdruiden. Es war eine gemeinsame Tat."

„Was ist mit Morgana Le Fay. Warum heißt sie eigentlich Le Fay und nicht La Fay?" (Anmerkung: „le" ist das französische Wort für „er" und „la" ist das Wort für „sie".)

„Sie hieß einmal Morgana La Fay, aber als das Schwarze an ihr zu nagen begann, hat sie alles Weibliche abgestreift. Deshalb heißt sie Morgana Le Fay. Dieser Name wurde überliefert. Ich hoffe, dass wir sie irgendwann wieder Morgana La Fay nennen können."

„Schickt ihr manchmal Weiße zu ihr, die sie infiltrieren?"

„Wir haben es am Anfang versucht, aber die schwarzen Kräfte sind zu stark. Unsere Weißen sind übergelaufen. Deshalb lassen wir es. Sie muss selbst lernen und irgendwann wird sie lernen, da sind wir ganz sicher."

„Ich danke dir für diese Informationen. Hat sie in dem Schloss auf der Insel gewohnt?"

„Ja, dort hat sie gewohnt."

„Wo wohnt sie jetzt?"

„Sie haben Hütten aus Naturmaterialien."

„Zu wem betet sie?"

„Nicht zu den guten Göttern."

„König Artus lebt nicht mehr. Weiß sie das?"

„Sie weiß es, aber sie verfolgt ihn durch den Tod und alle Leben. Sie hat Möglichkeiten, ihm zu erscheinen, wo immer er geboren ist. Sie verfolgt auch seine Frau durch alle Leben und versucht, ihr zu schaden. Auch Artus schadet sie aus Hass und Rache. Wenn sie damit aufhört, wird es der Erde wieder besser gehen. Aber sie muss sich entwickeln."

„Besteht keine Möglichkeit, an sie heranzukommen und sie zum Nachdenken zu bewegen?"

„Nein."

„Wenn ihr sie beschallt und Flugblätter herabwerft?"

Sie lacht. **„Gar nicht so dumm. Auf diese Idee können auch nur Menschen kommen. Wir werden darüber nachdenken. Ich danke dir für den Tipp."**

„Liebe Wasserkönigin, ich habe ein Geschenk für dich."

„Oh, ein rotes Geschenk für eine grüne Frau. Ich bedanke mich sehr herzlich."

Sie öffnet das Papier und den Karton. Darin ist ein Einhorn-Baby!

„Ich freue mich riesig über dieses Einhorn-Baby. Wir werden es behüten, lieben und aufpäppeln und wenn es erwachsen ist, wird es nach Avalon gehen. Einhörner lassen sich von der schwarzen Kraft nicht beeindrucken. Dieses Einhorn ist unsere Hoffnung, Morgana zu bekehren. Dieses eine Einhorn, oh Renate, das ist das wunderbarste Geschenk, das man uns machen konnte. Wenn ich könnte, würde ich dich umarmen, aber das Wasser ist zwischen uns."

„Ich fühle mich von dir umarmt."

„Das ist ein wunderbares Geschenk. Ich danke dir."

„Es ist mir ein Vergnügen."

„Nun verabschiede ich euch, es war mir eine Freude, euch die Geschichte erzählen zu können. Sie belastet uns sehr und wir hoffen, dass die Menschen daraus lernen."

Die Insel versinkt wieder im See, die Pferde kommen.

„Das war sehr interessant, habt ihr das mit Avalon gewusst?", frage ich meine Begleiter.

„Einige von uns haben es gewusst, andere vielleicht nicht", sagt Merlin. „Aber ich und El Morya wissen davon, wir waren dabei", schmunzelt er.

„Ich muss das erst einmal verarbeiten."

„Das verstehen wir. Wir verabschieden uns jetzt", sagen meine Freunde.

„Ich werde dich begleiten", sagt Merlin. „Wir begleiten dich natürlich auch", sagen die Männer, „du glaubst ja nicht, dass Merlin allein die Meriten erntet, wenn wir die Feinde übertölpeln." Wir lachen.

Wir steigen auf die Pferde und wieder geht es durch die Lüfte. Die Pferde sind schnell, wir haben den Vorhang passiert. Es scheint so, als wenn die Schwarzen sich davongemacht hätten. Da vorn ist schon mein Startplatz und die Pferde landen daneben.

„Meine lieben Freunde, danke für eure Begleitung. Ich bin sicher, wenn ihr nicht dabei gewesen wärt, hätten sie sich wieder etwas einfallen lassen."

„Das Gefühl haben wir auch. Vorsicht ist die Mutter der Porzellankiste", antworten die Männer.

Ich werfe ihnen Kusshändchen zu und gleite vom Pferderücken.

„Es war schön, euch bei mir zu haben. Kommt gut zurück. Passt auf, dass die Feinde euch nicht erwischen."

„Wir haben die besten Pferde der Anderswelt, da kann uns nichts passieren. Mach's gut liebe Freundin, bis zum nächsten Mal."

Ich winke ihnen zu, wie sie in der Luft verschwinden, und komme zurück …

Wassergeister – Segnet das Wasser

Der Startplatz ist hellgrau und leergefegt. Vereinzelt fallen braune Blätter auf ihn herab. Die Rosen um ihn herum sind verwelkt und lassen die Köpfe hängen, das sieht traurig aus. Ich fand die blühenden Rosen immer sehr schön. Der Eingang wächst auch langsam zu, denn ich bin ein paarmal nicht hindurchgegangen. Ich soll außerhalb warten. Plötzlich sind ein paar Wichtel zu meinen Füßen.

„Hallo Wichtel, was macht ihr denn hier?", frage ich.

„Wir sollen dich abholen", antworten sie.

„Seid ihr nicht etwas klein, um mich in die Anderswelt zu bringen?"

„Wir sind dafür nicht zu klein. Du sollst uns folgen und dann kommst du zu deinem Gastgeber."

„Tue es nicht." Sternchen sitzt auf meiner Schulter.

„Liebe Wichtel", wende ich mich an die Schar, „ich danke für die Einladung, aber ich möchte sie nicht annehmen. Ich habe eine Verabredung und die hat nichts mit Wichteln zu tun."

„Wir sollen dich aber abholen."

„Ich möchte nicht mitgehen."

„Wir sollen dich abholen und möchten, dass du mitgehst."

„Ich gehe nicht mit und jetzt verschwindet, verschwindet, verschwindet."

Weg sind sie. Etwas drei Mal zu sagen hilft immer.

„Das hast du gut gemacht," flüstert Sternchen. „Wir warten jetzt auf deinen richtigen Transport. Gehe nicht auf den Startplatz."

„Er sieht traurig aus."

„Er ist traurig, weil er missbraucht wird. Er würde viel lieber für dich da sein, aber das geht zurzeit nicht. Wir überlegen, wie wir ihn reinigen können, aber im Moment haben wir keine Kapazitäten."

Eine Rakete kommt angesaust. Sie ist eng, lang und sieht fast aus wie eine Zigarre, aber sie hat Fenster.

„Die Rakete ist in Ordnung. Steige ein, wenn sie gelandet ist", sagt Sternchen.

Die Rakete ist angekommen, eine Tür öffnet sich, eine Leiter wird heruntergelassen. Ich klettere hinauf und betrete die Rakete. Bequeme Sitze warten auf mich. Ich schnalle mich an und schon heben wir ab. Ich kann aus dem Fenster sehen. Wir umkreisen die Erde sehr schnell, aber in geringer Höhe. Wir wickeln die Erde in Energiebahnen ein, wie wir es schon öfter gemacht haben. Die Rakete wird langsamer, sie steuert auf eine Insel in einem großen Binnensee zu und landet senkrecht stehend. Die Tür öffnet sich und ich klettere hinaus. Die Tür schließt sich, die Leiter wird eingezogen und die Rakete hebt ab. Ich bin mit Sternchen, die die ganze Zeit bei mir war, allein auf der Insel.

„Tja, Sternchen und nun?", möchte ich wissen.

„Lasse dich überraschen", schmunzelt mein Schutzengel.

„Das höre ich jedes Mal, fällt dir nichts anderes ein?", antworte ich genervt.

„Lasse dich überraschen", lacht Sternchen.

Meine Freunde schweben an Fallschirmen zu uns herunter, das finde ich witzig. Brummel und Brummeline haben je zwei Fallschirme. Das Einhorn kommt durch die Luft gelaufen, es braucht keinen Fallschirm. Alle sind da. Wir nehmen uns in die Arme.

„Die Ankunft auf der Insel war spannend, aber ich weiß nicht, was wir auf diesem Eiland sollen", sage ich zur Begrüßung.

„Das wissen wir auch nicht, Renate. Wir sind gespannt wie ein Flitzebogen, was wir erleben, woran wir dieses Mal wachsen werden", antworten meine Begleiter.

Im Wasser schwimmen Delphine. Sie keckern: „Kommt ins Wasser, setzt euch auf unsere Rücken. Wir bringen euch zu euren Gastgebern."

„Auch Brummel, Brummeline und das Einhorn?", frage ich.

„Für die haben wir eine Vorrichtung mitgebracht."

Sie haben zwei Schleppen dabei, in die sich die Bären und das Einhorn setzen können.

„Ist das in Ordnung?", wollen die Delphine wissen.

„Prima!", lobe ich die Idee.

„Ihr anderen setzt euch bitte auf unsere Rücken."

Wir waten ins Wasser und setzen uns auf die Rücken der Delphine. Man könnte meine, sie seien glitschig, aber wir haben guten Halt. Sie schießen durch das Wasser und plötzlich tauchen sie ab, doch wir sind geschützt, können atmen und werden nicht einmal nass. Die Delphine schwimmen tief hinab in den See.

Vor uns sehe ich eine Stadt in einer glockenförmigen Luftblase. Die Delphine schwimmen auf die Glocke zu, klopfen mit dem Schnabel an und es öffnet sich eine Schleuse. Sie schließt sich hinter uns.

„Ihr könnt absteigen. Die Schleuse wird sich gleich öffnen und ihr könnt das trockene Land betreten."

„Was passiert mit dem Wasser in der Schleuse?"

„Es wird nicht abgelassen. Eine Treppe führt nach oben. Dieser Schutz wird gebraucht, damit wir nicht im Trockenen sitzen."

„Ich hatte schon Angst um euch."

„Ihr braucht keine Angst um uns zu haben. Ihr steigt die Treppe hinauf, auf der anderen Seite wieder herunter und seid in der trockenen Stadt. Wir holen euch später wieder ab."

Die Schleuse öffnet sich vor uns. Wir gehen den beschriebenen Weg und erreichen die Stadt, die von der Glocke geschützt wird. Auf uns kommen Wesen zu. Sie sind aquamarinblau, wasserblau.

„Ich freue mich, dass ihr uns endlich besucht," sagt eines der Wesen. **„Willkommen bei den Wassergeistern der Seen, Teiche, Flüsse, den Wassergeistern des Süßwassers. Ihr wart noch nie bei uns, aber mit uns hat Renate häufiger zu tun, als mit den Meergeistern. Heute sollst du mit uns reden. Bitte folgt mir."**

Die wunderschöne blaue Gestalt führt uns in das Herz der Stadt. Dort steht ein Tempel ohne Dach. Er sieht fast aus wie der Parthenon in Athen. Er ruht auf schönen, geschmückten Pfeilern und in der Mitte ist ein Altarstein.

„Hier beten wir zu unseren Göttern, den Göttern der Wasserwesen.“

„Wer ist das, Poseidon?“

„Nein, Poseidon ist ein junger, griechischer Gott. Unser Wassergott ist älter.“

„Wie heißt er?“

„Unser Wassergott ist Aquarius, Wassermann. Er ist der oberste Herr der Wassergötter und Wassergeister.“

„Hat Aquarius auch eine Frau?“

„Dieser Gott braucht keine Frau, denn er ist beides, Mann und Frau, Frau und Mann. Das kommt bei den Göttern vor, wenn sie in einer sehr hohen Dimension sind. Unser Wassergott befindet sich in einer sehr hohen Dimension. Früher haben die Menschen zu ihm gebetet, aber Poseidon und die anderen Wassergötter haben ihn abgelöst. Unser Herr ist viel älter. Er gehört zu den ältesten Göttern des Universums. Aber wir wollen jetzt nicht in den Tempel. Folgt mir weiter.“

Die Gestalt führt uns auf den Palastplatz. Der Palast an seinem Rand ist ein schlichter Renaissancebau, nicht so prachtvoll wie ich es öfters gesehen habe, aber in seiner Schlichtheit wunderschön.

„Wir sind ein arbeitsames Volk und brauchen keinen Prunk. Wir haben aber gern einen König und eine Königin. Wir mögen es, wenn sie uns zum Feiern einladen und sich um uns sorgen. Jeder mag es, wenn er umsorgt wird. Das tun unser König und die Königin. Sie machen es uns einfacher, unsere schwere Arbeit zu leisten. Nur deshalb haben wir die beiden, nicht weil unser Staatswesen sie braucht.“

„Was habt ihr für ein Staatswesen?“

„Wir sind eine Demokratie, obwohl wir König und Königin haben. Das Volk entscheidet in einer öffentlichen Versammlung, was gemacht wird. An der Versammlung können alle teilnehmen, die ein gewisses Alter erreicht haben."

„Wie es früher in Athen war?"

„Ja, Vollversammlungen des gesamten Volkes."

„Aber ihr müsst ein riesiges Volk sein, so viel Wasser wie es gibt."

„Es gibt viele Völker von Wassergeistern. Wir haben kein erdumspannendes Gemeinwesen, sondern Gebiete und jeweils einen König und eine Königin dieser Gebiete. Sie sind nicht die Monarchen der gesamten Wassergeister. Nur die Wassergeister, die zu einem Gebiet gehören, versammeln sich. Es gibt auch Gebiete, wo kein Wasser ist, da müssen wir nicht sein."

„Ihr seid also nicht in den Oasen?"

„Natürlich sind wir in den Oasen, wir sind auch in den Grundwasserseen, aber es gibt Gebiete, in denen es kein Wasser gibt und dort müssen wir nicht sein. Es gibt keine erdumspannende Gesellschaft der Wasserwesen. Wir sind zwar vernetzt, aber jedes Gebiet ist autark. Möchtest du mit unseren Herrschern reden?"

„Wenn die Herrscher es möchten."

„Sie möchten es gern."

Aus dem Palast tritt ein wunderschönes Paar. Sie sind aquamarinblau wie unsere Begleiter. Sie trägt ein herrliches langes Kleid. Es ist nicht schlicht, wie ich es oft gesehen habe, sondern hat einen Faltenrock mit einer Versteifung darunter, damit er glockenförmig fällt. Das Kleid ist dunkelblau und hat ein wunderschönes Dekolleté. Sie trägt eine Edelsteinkrone, die Haare sind grünblau wie ihre Haut. Auch er trägt eine Edelsteinkrone und ist wie sie in dunkelblau gekleidet, auch er hat grünblaue Haut und ist bartlos. Die Augen sind dunkelblau wie die Kleidung, tief wie die Seen und Teiche. Sie kommen auf uns zu, wir verneigen uns.

„Herzlich willkommen bei uns im Reich. Lange haben wir warten müssen, bis wir an der Reihe waren, euch zu empfangen. Die Naturwesen, Lichtwesen und Götter stehen Schlange, aber jetzt sind wir dran."

Sie umarmen uns.

„Wir möchten euch von den Wassergeistern erzählen."

„Ich freue mich schon darauf", antworte ich.

Aus dem Boden wachsen dunkelblaue Bänke. Ich weiß nicht, aus welchem Material sie sind, aber sie sind sehr schön, sie passen zu dem Paar.

„Nehmt Platz."

Wir setzen uns und für sie kommen bequeme Stühle, auf denen sie Platz nehmen.

„Lieber Mensch Renate, liebe Wesen aus der Anderswelt, wir möchten euch noch einmal herzlich begrüßen. Ich hoffe, die Reise war angenehm und hat euch Spaß gemacht."

„Der Ritt auf den Delphinen war sehr schön."

„Das freut mich."

„Wenn ihr die Wassergeister des Süßwassers seid, wieso können uns dann Delphine abholen, das sind doch Salzwassertiere", frage ich interessiert.

„Es gibt auch Süßwasserdelphine, meine liebe Renate."

„Aber die sehen anders aus."

„Wir haben sie etwas modifiziert wegen des Wiedererkennungseffekts, aber ihr seid auf Süßwasserdelphinen geritten."

„Ich danke für die Antwort."

„Es war mir ein Vergnügen. Du siehst, dass wir in diesem großen See eine Stadt haben. Diese Stadt ist die Heimat der Wassergeister dieses Gebiets. Jedes Gebiet hat eine Stadt in einem See oder Teich, je nachdem, was das Gebiet hergibt."

„Nicht in einem Fluss?"

„Ein Fluss hat starke Strömung, dadurch macht es zu viel Arbeit, die Stadt zu halten. In dieser Stadt siehst du nur Wassergeister, die gerade frei haben. Wir arbeiten wie die Elfen im Schichtdienst. Um rund um die Uhr im Dienst zu sein, ist unsere Arbeit zu anstrengend."

„Was macht ihr, liebe Wassergeister?"

„Wir versorgen das Wasser mit allem, was es braucht, damit die Pflanzen in ihm wachsen und die Tiere gedeihen. Wir sorgen für die Tier- und Pflanzenwelt im Süßwasser und dafür, dass es immer Sauerstoff hat. Aber das geht nur, solange das Wasser sauber ist."

„Sobald Gift eingetragen wird, ist unsere Arbeit schwierig, besonders die mit dem Sauerstoff. Die Pflanzen produzieren normalerweise Sauerstoff, aber wegen des Gifts können sie keinen mehr abgeben. Deshalb kippen manchmal Teiche oder Seen, deshalb sterben Fische und Pflanzen."

„Es ist unsere Aufgabe, das Ökosystem in den Seen, Flüssen und Teichen in Schwung zu halten, sodass es funktioniert, das Wasser nicht kippt, in den Gewässern Leben ist, Fische, Pflanzen ... Die Fische brauchen die Pflanzen und die Pflanzen brauchen die Fische. Es ist ein lebendiges System, das aufeinander angewiesen ist und wir versuchen, das Gleichgewicht zu halten. Aber es ist schwierig bei der Verschmutzung. Ihr leitet immer noch zu viel Gift in die Flüsse und Gewässer. Wenn die Bauern ihre Gülle auf die Felder aufbringen, bekommen wir von dem Zeug zu viel Gift ab, zu viel Nitrate und Nitrite. Es ist schwierig, sie herauszufiltern, damit das Wasser für seine Bewohner gesund bleibt."

„Ihr schmeißt Müll in die Flüsse, das ist ganz schlimm. Die Fische ersticken manchmal daran, manchmal bleiben sie an scharfkantigen Bechern hängen und sterben. Es bricht uns das Herz, wenn wir das sehen. Ihr Menschen geht mit dem Wasser, das eure Lebensquelle ist, so um, als wenn es nie zu Ende geht. Das ist ein Irrtum. Wenn ihr so weitermacht, werdet ihr irgendwann kein frisches, sauberes Wasser mehr haben. Dann wird das Süßwasser vergiftet sein."

„Ich denke besonders an Fracking. Fracking ist das Ende des sauberen Grundwassers. Auch wenn die Ingenieure sagen, dass das Grundwasser nicht betroffen ist, es ist betroffen! Die wissen nichts, sie kennen die Kanäle im Innern der Erde nicht, sie kennen nicht die Adern der Mutter. Das Gift sickert in die Adern, die Adern führen in die Grundwasserseen und schon ist die Erde vergiftet. Fracking ist der Tod des Grundwassers und wenn das Grundwasser stirbt, sterben irgendwann auch die Seen und Flüsse, denn sie werden nicht nur vom Regen gespeist, sondern auch vom Grundwasser. Hört auf Fracking zu betreiben, das ist das Allerschlimmste, was ihr eurem Wasservorrat antun könnt!"

„Schau dir die Regionen in Amerika an, in denen Fracking betrieben wurde, dort ist alles tot. Das müsst ihr in der restlichen Welt nicht nachmachen. Werdet endlich vernünftig und forscht nach Energiequellen, die nicht auf fossile Energien beruhen, nicht auf Gas, Öl und Kohle. Es gibt viele Alternativen, aber ihr müsst forschen dürfen, ohne auf den Profit zu schauen. Die Menschheit könnte so viel Energie haben wie sie wollte, wenn sie endlich auf die fossilen Energieträger verzichtet und natürlich auch auf Atomkraft."

„Atomkraftwerke sind für uns ganz schlimm. Wir Wesen im Wasser können die Strahlung nicht ab. Wir werden krank und können unsere Arbeit nicht mehr verrichten. Wir müssen die Gewässer verlassen, wenn radioaktiver Müll eingelassen wird. Die Gewässer rund um Fukushima sind frei von Meergeistern, weil auch sie die Radioaktivität nicht abkönnen. Darum sterben die Gewässer rund um Fukushima. Ihr werdet es noch erleben!"

„Ihr Menschen seid dabei, die Erde so zu schädigen, dass ihr nicht mehr darauf leben könnt. Das Wasser ist das Wichtigste, was ihr habt. Ihr braucht es zum Trinken, für eure Felder, für eure Tiere. Ohne Wasser geht nichts und ihr vergiftet es und damit euch, eure Tiere und Felder. Ihr könnt das nicht lange überleben."

„Gibt es überhaupt kein sauberes Süßwasser mehr?"

„In den entferntesten Gegenden, wo kein Fracking betrieben wird, gibt es noch sauberes Süßwasser. Aber nicht mehr lange, weil die Adern von Mutter Erde die ganze Erde umspannen und mit diesem Frackingzeug vergiften. Auch die letzten Paradiese werden irgendwann vergiftet sein, wenn ihr nicht aufhört. Noch ist es Zeit, noch ist der Schaden zu begrenzen, aber wenn ihr weitermacht, ist der Schaden nicht mehr einzudämmen. Das ist es, was ich euch sagen wollte."

„Liebe Wassergeister, was machen die Wasserelfen, die bei euch in den Gewässern sind?"

„Die Wasserelfen helfen uns bei unserer Arbeit. Sie sind diejenigen, die mit Energien umgehen können. Sie unterstützen die Pflanzen und Fische, indem sie ihnen Energie geben. Sie sind unsere hilfreichen Freunde, ohne die Wasserelfen würden wir unsere Arbeit nicht schaffen. Wir brauchen sie, wir arbeiten Hand in Hand von Anbeginn der Zeit – die Wasserelfen und die Wassergeister."

„Danke für diese Information."

„Möchtest du noch etwas über die Wassergeister wissen?"

„Wie vermehrt ihr euch?"

„Das geschieht wie bei den Elfen. Alle Naturwesen vermehren sich wie die Elfen."

„Wo habt ihr eure Kinder, in Familien oder in Spielgruppen?"

„Unsere Kinder leben in den Familien. Vater und Mutter kümmern sich um die Kinder und die Großeltern, die nicht mehr arbeiten."

„Wie alt werden Wassergeister?"

„Wir werden sehr alt."

„Wann hört ihr auf, zu arbeiten?"

„Wenn wir es körperlich nicht mehr schaffen."

„Haben denn Naturwesen auch körperliche Probleme, Krankheiten?"

„In gewissem Sinne schon. Wenn die Arbeit schwer ist und wir mit viel Umweltgiften und Radioaktivität in Berührung kommen, verändern sich unsere Körper. Als das Wasser noch sauber war, gab es diese Veränderungen nicht."

„Wann fangen die Kinder an zu arbeiten?"

„Wie bei den Elfen und allen Naturwesen – wenn sie die entsprechende Reife haben."

„Habt ihr Schulen?"

„Nein, die Eltern, Großeltern und Geschwister lehren die Kinder sowie die gesamte Gemeinschaft. Wir haben zwar Familien, aber die Kinder gehören der Gemeinschaft und alle kümmern sich um sie."

„Habt ihr eine eigene Sprache, eine eigene Schrift, könnt ihr rechnen?"

„Wir haben eine eigene Sprache, wir haben keine Schrift, aber wir können rechnen."

„Ihr schreibt nicht?"

„Wir haben unsere Kristalle, dort wird alles gespeichert, dafür brauchen wir nicht zu schreiben. Wir sprechen."

„Eure eigene Sprache"

„Ja, unsere eigene Sprache."

„Die ich nicht verstehen würde."

„Du würdest sie in der Tat nicht verstehen. Aber wir verstehen uns wunderbar durch unsere telepathischen Fähigkeiten."

„Das finde ich auch. Habt ihr beide einen Namen?"

„Wir haben einen Namen, aber er ist nicht wichtig, weil jedes Gebiet Könige und Königinnen hat und wenn ihr am Wasser steht und euch mit den entsprechenden Königen und Königinnen verbinden wollt, dann sagt ihr einfach: ‚König der Wassergeister, Königin der Wassergeister' und sie kommen oder auch nicht."

„Was heißt das, wenn ich mich mit den Wassergeistern verbinden möchte?"

„Wenn du am Ufer eines Süßwassers stehst, kannst du dich mit den Wassergeistern verbinden. Du kannst ihnen deine Sorgen übergeben, du kannst sie um Glück bitten, sie sind sehr weise, sie können dir Rat geben. Du musst dich nur mit ihnen verbinden."

„Wie mache ich das?"

„Rufe sie mit reinem Herzen und bitte sie, sich mit dir zu verbinden. Wenn sie es wollen, erfüllen sie dir den Wunsch. Ihr werdet in dem Moment eins sein, sodass du ihre Stimmen hören kannst. Wenn du ihren Rat vernommen hast und alles erfahren hast, was du wolltest, trennen sie sich wieder von dir. Du behältst nichts von ihnen zurück, du bleibst du. Aber während ihr verbunden seid, spürst du die Reinheit der Wassergeister, die Frische, die Quirligkeit. Wenn sie dich verlassen, nehmen sie das alles wieder mit, aber du kannst dich daran erinnern und versuchen, das Gefühl zurückzuholen."

„Ich verstehe, was du meinst, das Gefühl im Innern bewahren und immer wieder hervorholen."

„Genauso ist es. Du kannst dich mit allen Naturwesen auf diese Art und Weise verbinden – wenn sie es wollen. Nicht immer wollen sie es, denn sie haben ihre Aufgaben und möchten dabei nicht gestört werden und manchmal ist es auch nicht ihre Bestimmung, sich mit Menschen zu verbinden."

„Die Naturwesen und Menschen sind ja nicht gerade Freunde."

„Richtig, aber wir Wassergeister pflegen noch die Freundschaft zu den Menschen und wir sind immer noch dafür da, uns mit ihnen zu verbinden. Ein Troll wird es nicht machen, ein Kobold auch nicht, aber eine Elfe."

„Warum bekomme ich das Wissen immer nur bröckchenweise?"

„Weil du vorher wachsen musst."

„Aber ich gebe es so an meine Leser weiter."

„Das ist in Ordnung. Sie werden sich aber erst verbinden können, wenn sie in ihrem Wachstum diesen Status erreicht haben, aber sie können es probieren."

„Das war sehr interessant, ich danke dir. Mir fallen im Moment keine Fragen mehr ein. Doch, eine noch: Inwiefern seid ihr Mutter Erdens Helfer?"

„Weil wir dafür sorgen, dass das Wasser rein ist und wir alles tun, um es zu entgiften. Insofern sind wir sehr wichtige Helfer von Mutter Erde, denn das Süßwasser wird gebraucht."

„Vor allen Dingen das saubere Grundwasser."

„Wie gesagt, wenn ihr weiter Fracking betreibt, kommen wir nicht mehr dagegen an. Wir schaffen es nicht und auch nicht die Wasserelfen. Wir tun unser Bestes, aber unsere Fähigkeiten sind begrenzt, wenn ihr zu viel Gift in die Erde pumpt."

„Ich verstehe. Ich werde das so weitergeben. Hast du noch eine Botschaft für die Menschen?"

„Ehrt das Wasser und ehrt seine Bewohner. Wenn ihr an einem See oder Teich seid, ehrt ihn. Segnet die Flüsse. Ihr müsst viel mehr segnen, es kommt allen Bewohnern zugute. Segnet die Wassergeister, segnet die Gewässer, segnet die Wasserelfen. Ihr müsst wieder viel mehr segnen. Das war mein Schlusswort."

„Ich danke euch, König und Königin der Wassergeister. Es war mir ein Vergnügen, euch zuzuhören."

„Es war uns ein Vergnügen, mit dir zu reden. Wir haben gesagt, was gesagt werden musste. Wenn dir noch Fragen einfallen, kannst du sie bei deinem nächsten Besuch stellen. Ich denke, wir werden uns wiedersehen."

„Das denke ich auch."

„Wir verabschieden uns."

„Ich habe heute kein Geschenk."

„Wir brauchen kein Geschenk. Das Wasser braucht keine Geschenke, das Wasser braucht nur eure Liebe und euren Segen. Das Wasser braucht positive Gefühle, denn die positiven Gefühle bestimmen unser Sein. Dreck und Negativität sind nicht gut fürs Wasser, sie machen es hässlich. Liebe und positive Gefühle machen Wasser rein. Auch das ist wichtig für die Reinheit des Wassers: Denkt mit

positiven Gefühlen an das Wasser, damit sich die Wasserkristalle harmonisieren. Das ist das Letzte, was ich euch auf den Rückweg mitgebe. Denkt immer mit positiven Gefühlen an das Wasser. Wasser ist gut für die Menschheit, Wasser ist lebenswichtig für die Menschheit, lasst es das Wasser durch eure Gefühle spüren. Jetzt sagen wir Tschüss. Das Wort haben wir von dir gelernt und finden es sehr schön."

„Tschüss, liebe Wassergeister."

Die beiden stehen auf, drehen sich um und gehen. Unsere Begleitung ist wieder da. „Ich bringe euch zurück zu den Delphinen. War das Gespräch interessant für euch?"

„Sehr. Es zeigt, dass wir Menschen blöd sind."

„Da hast du recht", lachen sie.

Wir sind bei den Schleusen angekommen. Die Delphine sind da. „Wir verabschieden euch. Tschüss, lieber Mensch und liebe Besucher", sagen unsere Begleiter.

Wir klettern in die Schleuse, dann auf den Rücken der Delphine und los geht's. Wir schießen durch das Wasser und landen wieder auf der Insel. Sie ist größer geworden. Meine Freunde waren ja mit dem Fallschirm gekommen und damit können sie nicht starten. Für sie ist ein großes Raumfahrzeug gelandet, in dem alle Platz haben. Auch meine Kapsel ist wieder da.

„Heute brauchen wir dich nicht zu begleiten," sagt Merlin, „du bist in der Kapsel sicher. Wir danken dir, dass du uns mitgenommen hast, es war ein sehr interessantes Gespräch bei den Wasserwesen."

„Ich danke, dass ihr mich begleitet habt. Ich verabschiede mich. Bis zum nächsten Mal. Tschüss ihr Lieben." Ich winke mit beiden Händen, dann steige ich in meine Kapsel ein, sie hebt ab und wir fliegen wieder rund um die Erde und heben die Energiebänder auf, die wir um sie herum gewoben haben.

Da vorn ist mein Startplatz. Die Kapsel landet daneben, die Tür öffnet sich, die Leiter fährt herunter, ich steige aus. „Danke liebe Piloten, auch wenn ich euch nicht gesehen habe", wende ich mich an die Kapsel.

Eine dunkle Stimme antwortet: „Es war uns ein Vergnügen." Die Kapsel hebt ab, weg ist sie und ich komme zurück in meine Welt …

Tunguska und der Herr der Taiga

Auf meinem Startplatz steht eine wunderschöne Buche mit einer mächtigen Krone. Sie sieht nicht so aus, als ob ich darauf in die Anderswelt klettern soll. Sie ist dick und hat keine Sprossen.

„Ich schlage meine Wurzeln tief in die Erde," sagt die Buche, „ich reinige sie. Die dunklen Kräfte haben diesen Platz verseucht und man hat mich gepflanzt, um ihn zu reinigen."

„Kannst du das?", möchte ich wissen.

„Ja sicher, Bäume sind dafür da, um das Erdreich zu reinigen. Wusstest du das nicht?"

„Nein, das hat man mir noch nicht gesagt", staune ich.

„An allen energetisch schlechten Plätzen solltet ihr Bäume pflanzen, denn Bäume reinigen die Erde und die Luft. Deshalb sind Bäume auch heilig, weil sie um sich herum alles gereinigt haben."

„Das ist gut, dass man dich hier gepflanzt hat und du bist wunderschön", betone ich.

„Dankeschön. Ich gehe dann meiner Beschäftigung weiter nach. Du wirst gleich abgeholt."

„Danke für das Gespräch, liebe Buche, ich habe wieder etwas gelernt", freue ich mich.

„Jede Reise ist so geplant, dass du etwas lernst, auch wenn es nur bröckchenweise ist."

Ich stehe im Schatten der Buche und warte.

„Du solltest hier weggehen, du sollst doch nicht in den Kreis treten."

„Stimmt, entschuldige bitte."

„Ist schon gut." Ich trete aus dem Kreis und ein Rentiergespann mit dem Weihnachtsmann kommt aus der Luft auf mich zu.

Ich habe den Weihnachtsmann in der Vergangenheit bereits kennengelernt und frage erstaunt: „Was machst du denn hier mitten im Januar?"

„So kurz nach Weihnachten haben wir Urlaub und ich habe mich gelangweilt. Deshalb habe ich mich angeboten, dich abzuholen."

„Das ist ganz reizend von dir, lieber Weihnachtsmann."

„Passe auf!", höre ich eine Stimme.

„Bist du wirklich der Weihnachtsmann oder hast du nur ein Karnevalskostüm an?", frage ich vorsichtshalber.

„Natürlich bin ich der Weihnachtsmann, das siehst du doch an dem Schlitten und den Rentieren."

„Aber Rudolph mit der roten Nase ist nicht dabei", bemerke ich.

„Der hatte keine Lust."

„Bist du wirklich der Weihnachtsmann oder hast du nur ein Karnevalskostüm an?"

„Ich bin der Weihnachtsmann, ich sag es doch."

„Bist du wirklich der Weihnachtsmann oder hast du ein Karnevalskostüm an?", frage ich ein drittes Mal.

Er knurrt wütend und weg ist er.

„Danke Sternchen, ich wäre glatt in den Schlitten gestiegen," wende ich mich an meinen Schutzengel.

„Das habe ich mir gedacht."

„Und nun?", möchte ich wissen.

„Jetzt warte auf die richtigen Boten."

Zahlreiche Krähen setzen sich in die Bäume um uns herum. Bei so einem Anblick denke ich immer an den Hitchcock-Film „Die Vögel". Viele Krähen erzeugen in mir Unbehagen.

„Du brauchst keine Angst zu haben, wir sind da, um dich abzuholen", beruhigen mich die Krähen.

„Das ist in Ordnung", sagt Sternchen.

„Ihr wollt mich abholen?", frage ich erstaunt nach.

„Ja, hier." Sie werfen eine Art Rettungssitz herunter, in dem ich Platz nehme. Er hat viele Riemen, die die Vögel greifen, und wir fliegen los. Sie fliegen sehr schnell, folgen immer wieder

der Krümmung der Erde und wickeln sie in Energiebahnen, bis sie wie ein Wollknäuel aussieht.

„Geht es dir gut?", fragen mich die Krähen.

„Es geht mir sehr gut. Dankeschön", erwidere ich.

„Freut uns."

Die Vögel fliegen Richtung Erdoberfläche. Ich sehe Schnee, ein Gebirge, aber wir fliegen daran vorbei. Es folgt eine Art Steppenlandschaft mit Moosen, kurzen Gräsern, Steinen ... Sie sieht ein bisschen trostlos aus. So stelle ich mir die Taiga in Sibirien vor.

„Wir sind in Sibirien", bemerken die Krähen.

Sie fliegen weiter. Vor uns sehe ich einen Einschlagkrater. Ich hatte schon die Eingebung: Tunguska.

„Wir fliegen nach Tunguska", bestätigen die Krähen.

Sie setzen mich neben dem Einschlagkrater ab.

„Du kannst jetzt das Geschirr abnehmen. Wenn wir dich abholen, legst du es bitte wieder an."

„Mache ich. Dankeschön fürs Bringen."

„Es war uns ein Vergnügen, wir sehen uns später."

Sie heben ab und meine Freunde kommen, einer nach dem anderen. Kalaya und Lillie erscheinen Hand in Hand, diese Freundschaft ist so schön. Es folgen Merlin, El Morya und Karl. Chowei trifft ein, der Illumant, das Einhorn, zum Schluss Brummel und Brummeline.

„Wir sind komplett, wie schön. Ich grüße euch, meine Freunde", empfange ich sie.

„Wir grüßen dich, liebe Freundin. Das ist eine ungewöhnliche Gegend, in der wir heute gelandet sind."

„Das finde ich auch. Tunguska ... Es gibt viele Theorien über den Krater. Man vermutet, dass ein Meteor heruntergekommen ist oder sogar ein UFO."

„Wir sind gespannt, was uns hier erwartet, wer uns etwas erzählt."

„Ich erwarte euch."

Vor uns steht eine ellenlange Gestalt. Sie trägt eine Arbeitsmontur mit einer blauen Latzhose, kariertem Hemd und warmen Stiefeln aus Fell. Sie ist irre lang und eher flach als rund, fast ein bisschen wie die Ents.

„Ich bin kein Ent, aber wir sind verwandt. Ich bin der Herr der Taiga."

„Warum siehst du wie ein Handwerker aus?", möchte ich wissen.

„Weil an der Taiga immer noch gearbeitet wird. Sie verändert sich ständig, du hast doch beispielsweise schon einiges von den Methanseen gehört. Wir sind noch nicht fertig mit der Taiga und deshalb sehe ich aus wie ein Arbeiter."

„Was bist du für ein Wesen?"

„Ich bin der Herr der Taiga, das habe ich doch gesagt. Manche von euch würden mich Deva nennen, doch das ist nicht der richtige Ausdruck. Devas sind halb göttlich. Ich bin nicht göttlich, ich bin ein Lichtwesen."

„Warum hast du uns bestellt und gerade hier nach Tunguska?"

„Ich will dir davon erzählen."

„Von Tunguska?"

„Ja! Das Ereignis war schlimm für alle Wesen, die in der Taiga arbeiten. Es kam herunter wie ein Geschoss, schlug ein und hat die ganze Gegend rundherum verwüstet. Die Bäume, die wir mit so viel Liebe angepflanzt hatten und die endlich gewachsen waren, sind alle umgekippt. Es gab eine unvorstellbare Verwüstung. Da wir so abgelegen sind, wurde die Tragödie nicht gleich bemerkt. Die Menschen kamen erst viel später, um sich das anzuschauen. Da war das meiste schon geregelt von denen, die heruntergekommen sind."

„Willst du damit sagen, dass ein Raumschiff die Verwüstung verursacht hat?"

„Ja. Das Raumschiff hat sich tief in die Erde gebohrt, aber die Reisenden haben es überlebt. Sie haben eine andere Technik als ihr. Ihr hättet das nicht überlebt."

„Sind sie abgestürzt oder gelandet?"

„Sie sind abgestürzt, aber haben überlebt. Sie sind aus dem Krater herausgekrochen und haben die Verwüstung gesehen. Das Raumschiff ist beim Eintritt in das Erdreich geglitten und hat sich praktisch in die Erde reingefressen. Das konnten sie natürlich nicht so lassen, weil sie erwartet haben, dass Menschen kommen, um sich das anzusehen."

„Sie haben das Raumschiff mit Mitteln, die ich nicht kenne, aus dem Loch gezogen, so dass es kurz darauf danebenstand. Dann haben sie angefangen, das Loch so zu verändern, dass es aussieht, als ob ein Meteorit abgestürzt sei. Aber das Raumschiff war natürlich da und es war kaputt. Sie müssen Hilfe gerufen haben, denn es kamen Raumschiffe, die das kaputte Raumfahrzeug und die Überlebenden des Absturzes aufgenommen haben. Danach war es wieder ruhig bei uns in Tunguska."

„Jahre später kamen Menschen. Sie haben das Loch gesehen und gedacht, dass ein Meteorit heruntergekommen ist, aber sie haben den Meteoriten in der Tiefe der Erde nicht gefunden. Sie haben nur die Einschlagstelle gefunden und die Verwüstung, die angerichtet wurde. Aber die Verwüstung stammte teilweise von den Außerirdischen, weil sie vorgeben wollten, dass ein Meteorit abgestürzt ist."

„Was waren das für Außerirdische?"

„Ich weiß es nicht, aber sie kamen mir vor wie Beobachter, sonst hätten sie ihre Spuren nicht so gut beseitigt. Beobachter wollen nicht gesehen und erkannt werden."

„Warum erzählst du mir das alles?"

„Um ein bisschen Klarheit zu schaffen über das, was wir hier machen. Der Einschlag hat die Taiga aus dem Gleichgewicht gebracht und die Methanseen gebildet. Es ist nicht gut, wenn Methan an die Erdoberfläche tritt. Wir arbeiten mit Hochdruck daran, das Gleichgewicht wiederherzustellen."

„Wenn du der Herr der Taiga bist, wer arbeitet für dich?"

„Alle Naturwesen, die du kennst: Wichtel, Elfen, Gnome und viele, die du noch nicht kennst, aber nach und nach kennenlernen wirst. Ich wollte dir mit diesem Beispiel sagen, dass jede Gegend wie die Taiga einen Herrn oder eine Herrin hat. Die Taiga ist sehr schroff, sehr unwirtlich, deshalb hat sie einen Herrn. Liebliche Gegenden haben eine Herrin. Manche Menschen würden sie Deva nennen oder Engel der Gegend, aber es sind Lichtwesen, die Hüter dieser Regionen. So wie es einen Hüter des Waldes gibt oder einen Hüter des Gartens, gibt es Hüter der Regionen."

„Ich bin ein bisschen sprachlos. Das sind sehr viele Informationen. Ich habe mich mit Tunguska nur wenig beschäftigt. Ich weiß nur, dass dort etwas heruntergekommen ist und man nicht weiß, was es war."

„Jetzt weißt du, was es war."

„Aber wird man mir glauben?"

„Das weiß ich nicht und das ist letztendlich auch egal. Es geht mir darum, dir zu zeigen, dass es Lichtwesen der Regionen gibt. Diese Lichtwesen brauchen die Zuwendung der Menschen. Opfert ihnen, dankt ihnen. Ich will nicht sagen, betet zu ihnen, denn wir sind keine Götter. Aber wir nehmen gern Opfergaben, kein Blut, keine Tiere, das weißt du, aber von eurem Essen, eure Kerzen, eure Räucherstäbchen und euren Dank. Euren Dank nehmen wir besonders gern. Er füllt uns mit Kraft. Der Dank hat die größte Energie, mehr als jede Opfergabe."

„Das ist es, was ich dir mitgeben möchte. Dankt den Herrschern der Regionen für ihre Arbeit, für ihren Einsatz, damit es in dieser Region Leben gibt. Ich möchte jetzt nicht darauf eingehen, wie die Menschen den Regionen schaden, du hast schon viele Gardinenpredigten gehört. Aber ich möchte dich bitten weiterzugeben, dass jene, die dir glauben, die Hüter der Regionen mit Energie versorgen: durch Dank, durch Gaben egal welcher Art – nur kein Blut und keine Tiere. Ihr könnt auch eine Blume hinlegen, das ist in Ordnung."

„Gibt es bestimmte Plätze, wo man am besten Kontakt aufnimmt?"

„An Kraftorten! Dort hat euer Dank, haben eure Gaben eine ganz andere Energie und es wäre schön, wenn ihr die Kraftorte kennen würdet, um uns dort Opfer zu bringen. Wir profitieren davon mehrfach."

„Wie findet man Kraftorte?"

„Du spürst sie. Man kann sie aber auch auspendeln oder mit einer Rute finden. Die Wünschelrute – oder was immer ihr benutzt, um Energien zu spüren – weist euch den Weg zu einem Kraftort. Also: Energiefühlige Menschen können sie spüren und andere nehmen die Wünschelrute."

„Ich lerne wieder dazu."

„Das ist der Sinn der Sache."

„Muss ich Angst vor den Außerirdischen haben?"

„Vor diesen nicht, denn sie sind nicht mehr auf der Erde und andere sind im Moment nicht in der Taiga. Ich kann die Taiga nicht verlassen, deshalb kann ich dir nicht erzählen, wie es woanders ist."

„In der Taiga stehen Pyramiden und man sagt, es sind Kontakträume."

„Es gibt dort in der Tat Kontakträume, aber sie sind seit Jahrhunderten leer. Aus dem Weltall besucht sie keiner mehr, weil es zurzeit auf der Erde niemanden gibt, mit dem sie reden können."

„Können sie nicht mit den modernen Menschen reden?"

„Die modernen Menschen verstehen diese Wesen aus dem All nicht. Sie haben eine ganz andere Mentalität, eine andere Spiritualität. Die Ureinwohner der Taiga waren ihnen ähnlich, mit denen konnten sie reden, mit denen hatten sie Kontakt, aber nicht mehr zu den modernen Menschen."

„Und die Pyramiden, die im letzten Jahrhundert in der Taiga gebaut wurden?"

„Sie haben Kraft und schicken sie ins All, aber es profitieren die Falschen. Die Falschen ziehen die Energien ab, weil sie nicht gewidmet sind. Die Pyramiden ziehen auch Energien an, aber es sind nicht die guten, weil sie nicht gewidmet sind. Der Herr der Pyramiden sollte ihnen sagen, was er möchte und nicht einfach experimentieren. Er muss sagen, welche Art von Energien er haben möchte und welche Art von Energien er rausschickt. Nur einfach zu sagen, ‚ich schicke Energie oder ich sammele Energie‘, ist nicht zielführend."

„Wenn ich jemandem sage, ich schicke dir Energie, ist das nicht zielführend?"

„Nein, das ist nicht zielführend."

„Muss ich sagen, ich schicke dir gute Energie oder ich schicke dir Heilenergie?"

„Genau, du musst das ganz genau benennen. Das Universum ist nun einmal so, es möchte alles genau benannt haben. Man muss die Worte mit Bedacht wählen."

„Ich muss achtsamer werden mit dem, was ich sage."

„Dein Dank ist okay. Du dankst gerne und das ist gut so. Aber wenn du sagst, ich schicke dir Energie, dann sage bitte, ich schicke dir gute Energie oder ich schicke dir Heilenergie."

„Oder ich schicke dir gute Kraft."

"Du sollst es immer benennen. Das gebe bitte an deine Freunde weiter, denn sie tun es auch nicht. Es ist wichtig, die Energien zu benennen, mit denen man arbeitet, die man verschickt. Es ist auch wichtig, die Verschickung zu stoppen, das hast du schon selbst gemerkt. Wenn du sagst, ich schicke dir gute Energie, dann stoppe diesen Energiefluss, sonst wirst du ausgelaugt, weil er nicht endet."

„Das habe ich schon bemerkt. Es ist interessant, dass ich in die Taiga gehen muss, um das zu lernen."

„Es ist egal, von wem du es erfährst, aber du musst es lernen. Wir wollten dir heute den Herrn eines Gebietes vorstellen, weil wir noch nie darüber geredet haben. Wir haben über Pflanzen geredet, über Bäume, aber noch nicht über die Regionen an sich. Auch dein Moor, in dem

du so gerne spazieren gehst, hat natürlich einen Herrn und dein Wald hat einen Hüter."

„Das Moor ist eine Region mit einem Herrn?"

„Ja, und darunter sind die Wälder und Wiesen und die haben ihre Hüter. Das Moor an sich, alles, was Holtumer Moor ist, hat eine Herrin. Es wäre schön, wenn du auch ihr deinen Dank schickst."

„Ich werde ihr bei meinem nächsten Spaziergang ins Moor danken."

„Hast du noch Fragen?"

„Ihr überrascht mich immer, so dass ich keine Fragen sammeln kann. Was machen die Hüter der Regionen?"

„Das ist eine dumme Frage, du weißt es doch. Wir achten darauf, dass es der Region gut geht."

„Setzt ihr auch die Naturwesen ein?"

„Wir fordern die Naturwesen an, wenn wir sie brauchen. Die Elfen und viele andere Naturwesen kommen von allein, denn sie haben ihre Aufgaben. Spezielle Naturwesen fordern wir an, wenn es sein muss."

„Was sind das für spezielle Naturwesen?"

„Warte, bis du sie besuchst."

„Oh man, immer werde ich vertröstet."

Er lacht. **„Du bekommst es so, wie du es verkraften kannst. Du hast heute schon viele Informationen erhalten, das reicht."**

„Du hast wahrscheinlich recht."

„Deshalb verabschiede ich dich jetzt. Hast du wirklich keine Fragen mehr?"

„Im Moment nicht, aber die kommen bestimmt."

„Dann besuchst du mich wieder."

„Meine Freunde, habt ihr noch Fragen?"

„Liebe Renate, wir haben auch keine Fragen mehr."

„Schön. Es war mir eine große Freude, dich zu sehen und dich zu belehren", er lacht, **„und dein Wissen zu mehren."**

„Es war mir eine Freude, mit dir zu reden. Ich habe heute gar kein Geschenk", fällt mir plötzlich auf.

„Es wäre ein riesiges Geschenk, wenn mehr Menschen den Hütern der Regionen ein Dankeschön sagen würden für ihre Arbeit. Das wäre mir Geschenk genug."

„Gern. Ich gebe es so weiter."

„Mache das. Ich verabschiede euch. Es war mir wirklich ein Vergnügen."

Er geht mit langen Schritten und ist schon außer Sicht.

„Liebe Renate, wir lernen durch dich viel, wir sind dir sehr dankbar", wenden sich meine Freunde an mich.

„Ich bin dankbar für eure Begleitung, denn ohne euch würde ich das nie erleben. Es ist bei uns ein Geben und Nehmen".

„So soll es sein."

Wir umarmen uns herzlich. Die Krähen kommen.

„Ich glaube, liebe Renate, wir brauchen dich heute nicht zu begleiten, die Krähen passen auf dich auf", sagen die Männer.

„Das denke ich auch. Und der Baum steht auf dem Startplatz und reinigt ihn", berichte ich.

„Du hast wirklich starke Helfer. Wir lieben dich, wir umarmen dich."

„Ich verabschiede euch meine lieben Freunde. Bis zum nächsten Mal."

Ich habe das Geschirr wieder angelegt, die Krähen greifen mich und zurück geht es. Wir entwirren das Energieknäuel um die Erde und nähern uns meinem Landplatz. Die Krähen setzen mich daneben ab. „Es hat uns Spaß gemacht, dich zu fliegen."

„Es war eine Freude, mit euch zu reisen, liebe Krähen. Es war heute hochinteressant."

„Das freut uns."

Ich steige aus dem Geschirr und die Krähen fliegen davon. Ich stehe neben dem Landeplatz. Die Buche ist etwas traurig geworden.

„Es sind so viele schwarze Energien, es macht keinen Spaß."

„Liebe Buche, ich danke dir von Herzen für diese Arbeit. Ich schicke dir gute Energien, damit du noch viel Kraft hast, diesen schwarzen Platz zu reinigen. Ich schicke dir gute Energien für die nächsten zwei Stunden. Danach ist der Energiefluss vorbei."

„Ich danke dir. Es wäre schön, wenn du es öfters machen würdest."

„Ja, aber ich muss den Energiefluss wieder stoppen."

„Ich weiß, sonst bist du ausgelaugt."

„So ist es, darum für die nächsten zwei Stunden. Ich hoffe, das reicht erst einmal, um dir ein bisschen Kraft zu geben."

„Das wird es. Ich danke dir."

„Ich danke dir für deine Arbeit, liebe Buche."

Und jetzt komme ich zurück in meine Welt …

Das Paradies wartet

Ein schwarzer Mustang ist bei mir, ein wunderschönes Pferd mit glänzendem Fell, sehr langer Mähne und edlem Kopf.

„Ich bin heute dein Begleiter", sagt der Mustang. „Steige auf, ich bringe dich zu deinen Gastgebern."

Ich habe etwas Bedenken. Das Pferd ist schwarz und sehr freundlich.

„Du musst keine Bedenken haben", sagt das Pferd, „deine Gastgeber erwarten dich und sie haben mich geschickt, um dich abzuholen, denn der Tunnel und die Höhle sind noch zu gefährlich."

„Steig nicht auf!" Sternchen sitzt auf meiner Schulter.

„Ich hatte schon ein komisches Gefühl, Sternchen", antworte ich.

„Du hast es gehört, schwarzes Pferd, ich steige nicht auf", wende ich mich an den Mustang.

„Ich möchte aber, dass du aufsteigst. Deine Gastgeber erwarten dich."

„Das kann gut sein, aber zu diesen Gastgebern möchte ich nicht. Ich werde woanders erwartet und die schicken mir einen anderen Express."

„Du sollst aufsteigen, sage ich!", befiehlt das Pferd.

„Ich sage nein. Verschwinde!", erwidere ich ungehalten.

„Und ich sage, steige auf!", wiederholt der Mustang.

„Bist du ein Guter?", stelle ich die entscheidende Frage.

„Sicher bin ich ein Guter."

„Bist du ein Guter?"

„Ja, sicher bin ich ein Guter."

„Bist du ein Guter?", frage ich ein drittes Mal.

„Nein, ich bin kein Guter."

Das Pferd knurrt und löst sich auf.

„Danke, Sternchen", wende ich mich an meinen Schutzengel.

„Du warst schon ohne mich vorsichtig", antwortet sie.

„Es kam mir komisch vor, ich hatte kein gutes Gefühl."

„Das ist gut, du darfst nicht leichtgläubig sein, aber du hast schon viel gelernt."

„Und nun?", möchte ich wissen.

„Nun warten wir auf die richtigen Abholer, denn das Pferd hat Recht, der Tunnel und die Höhle sind zu gefährlich, dein Startplatz ist vermint. Die dunklen Kräfte haben ganze Arbeit geleistet."

Ein Pegasus kommt. Er ist ein wunderschönes silberglänzendes Wesen mit großen Flügeln. Ich habe diesen Pegasus schon einmal gesehen.

„Dem darfst du vertrauen", unterstreicht Sternchen.

Der Pegasus landet vor mir, ich nehme seinen Kopf in die Hände, streichele ihn und gebe ihm ein Küsschen auf die Stirn. „Hallo Pegasus."

„Hallo Renate, ich soll dich abholen. Das hat ja schon jemand anderes versucht, aber ihr habt gut aufgepasst. Schwinge dich auf meinen Rücken."

„Sternchen, kommst du mit?", frage ich.

„Aber sicher, ich lasse dich doch nicht allein."

„Du bleibst auf meiner Schulter?"

„Ja!"

„Dann halte dich gut fest", fordere ich sie auf.

Ich schwinge mich auf den Rücken des Pegasus und er hebt ab. Seine Schwingen sind weitgreifend und er ist wahnsinnig schnell. Ich sehe schon den Platz nicht mehr, von dem wir gestartet sind. Wir sind sehr hoch über der Erde, aber immer noch in der Erdatmosphäre.

„Wir bleiben in der Erdatmosphäre", sagt der Pegasus.

„Ich bin gespannt, wer mich erwartet", antworte ich.

„Du stellst die Frage jedes Mal und du bekommst immer die gleiche Antwort: Lasse dich überraschen."

Unter mir sehe ich die Erde. Sie ist aus der Höhe sehr schön, aber man sieht, dass der Mensch nahezu überall eingegriffen hat und es kaum noch ursprüngliche Natur gibt. Wir machen alles kaputt. Kulturlandschaften sind der Tod der Insekten und niederen Tiere. Es ist so traurig.

„Sei jetzt nicht traurig, du wirst gleich Grund zur Freude haben."

Pegasus fliegt auf einen ursprünglichen Regenwald zu, zu dem die Menschen und Maschinen noch nicht vorgedrungen sind. Er sieht wunderschön aus und ist so wichtig für die Erde, die grüne Lunge.

„Wenn ihr das man wisst und endlich aufhört, die Wälder abzuholzen. Aber das ist heute nicht das Thema."

Der Regenwald wird von einem Gebirge mit hohen Gipfeln und Gletschern abgelöst. Pegasus fliegt zwischen Felswänden und folgt einem Tal. Es mündet in eine herrliche Landschaft mit Obst- und Zitrusbäumen sowie vielen Gemüsefeldern – ein Paradies in dieser unwirtlichen Gegend.

Pegasus landet an einer Badestelle am Ufer eines Flusses, an der sich Kinder, Frauen und Männer amüsieren. Sie sind nackt, wie die Götter sie geschaffen haben und haben kein Problem damit, gemeinsam zu baden. Das scheint hier selbstverständlich zu sein, aber ich bin schamhaft und behalte lieber meine Kleidung an.

Der Pegasus lacht. „Mache es, wie du möchtest. Kein Mensch zwingt dich zu irgendetwas. Aber die Menschen hier sind noch natürlich. Nimm ihnen nicht diese Natürlichkeit."

„Warum sollte ich? Ich finde das schön. Ich bin ein Produkt meiner Gesellschaft und meiner Zeit."

„Wenn du das man einsiehst."

Es ist wunderschön hier. Vögel zwitschern, Schmetterlinge flattern, Insekten summen … Es ist eine traumhafte Stimmung und eine ganz friedliche, ruhige Energie. Es ist fast wie das Paradies, nur das im Paradies allein Adam und Eva lebten, wenn man der Bibel glauben kann.

„Im Paradies lebten nicht nur Adam und Eva. Sie waren nicht die ersten und auch nicht die letzten, aber sie waren die ersten, die vertrieben wurden", kommentiert eine Stimme meine Worte.

„Sonst wurde keiner vertrieben?"

„Die Menschen im Paradies fügten sich den Göttern und lebten im Einklang mit der Natur. Sie taten nichts gegen den Willen der Götter. Nur Adam und Eva handelten gegen ihren Willen und wurden deshalb aus dem Paradies geworfen."

„Sie haben vom Apfel der Erkenntnis gegessen. Wollen die Götter nicht, dass Menschen Erkenntnis erlangen?"

„Die Götter möchten, dass die Menschen Erkenntnis gewinnen, aber gewünscht ist eine andere Art. Dass man Kleidung oder Geld braucht, dass man materielle Güter benötigt, dass man arbeiten muss, um Geld zu haben und gut zu leben, ist eine falsche Erkenntnis, sie kam durch eben diesen Apfel. Es gibt im Paradies auch andere Äpfel der Erkenntnis. Eva hat den falschen gewählt."

„Aber Schlangen sind doch weise …"

„Es gibt auch falsche Schlangen und Eva hat der falschen vertraut. Die anderen Bäume der Erkenntnis sagen, dass Menschen Teil der Natur sind, Teil der Erde, dass es wichtig ist, zu lieben, die Natur zu lieben, die Erde zu lieben. Man kann auch andere Menschen lieben, wenn man will. Das ist der Baum der Erkenntnis, der die Dichter und Denker hervorbringt."

„Aber wir hatten Dichter und Denker, obwohl Adam und Eva von den falschen Früchten gegessen haben."

„Die Wurzel dieser Dichter und Denker lag nicht im Paradies, sondern in Lilith.[11]"

„Lilith, die vertrieben wurde."

„Die vertrieben wurde, weil sie mit Adam nicht so schlafen wollte, wie er es wünschte, sondern weil sie gleichberechtig sein wollte."

„Da begann das Dilemma der Frauen."

„Das Dilemma der Frauen begann, als sich die fügsame Eva dem Mann unterworfen hat und der Apfel vom Baum der Erkenntnis hat das Verhalten verstärkt, denn der Rat kam von der falschen Schlange. Wenn sie von dem richti-

gen Baum gegessen hätte, wären die Menschen heute anders."

„Dann wären sie nicht aus dem Paradies vertrieben worden."

„Das stimmt und ihr würdet alle im Paradies leben, wie es für die Erde vorgesehen ist. Die Erde sollte ein Paradies sein."

„Mit wem rede ich eigentlich die ganze Zeit?"

„Mit mir, dem Engel und Hüter des Paradieses."

Vor mir steht ein riesengroßer Engel. Ich glaube, er ist in der Hierarchie noch über den Seraphim. Er ist reinweiß, die Augen strahlen bernsteinfarben und sind voller Liebe.

„Du bewachst das Land, das eigentlich für die Menschen bestimmt war?"

„So ist es und ich hoffe, dass es Menschen gibt, die hierher zurückfinden, die nicht vom Eva-Syndrom angesteckt sind, sondern vom Lilith-Syndrom. Manche haben ins Paradies geschaut, aber sind nicht über die Schwelle getreten. Goethe war ein Sohn Liliths, er war ein großer Dichter und Denker, aber er hat die Schwelle des Paradieses nicht überschritten, auch Shakespeare nicht und auch nicht die großen Musiker. Manche waren nahe daran, aber dann haben sie doch einen Rückzieher gemacht und sich lieber im Ruhm gesonnt, im Geld, das sie verdient haben, oder sie sind krank geworden, bevor sie ins Paradies kommen konnten."

„Gibt es dieses Paradies noch real auf unserer Erde?"

„Nein, denn es gibt kaum noch Flecken, die ihr nicht entdeckt habt – obwohl es im Regenwald noch Orte gibt, die kein Mensch betreten hat, aber wir haben das Paradies eine Ebene höher geschoben. Wenn die Menschheit so weit ist, wird das Paradies wieder auf die Erde zurückkommen."

„Also könnte ich das Paradies nicht erreichen?"

„Doch, du kannst es, du bist zurzeit in ihm."

„Man muss als Mensch also in zwei Dimensionen leben, um im Paradies und auf der Erde zu sein?"

„So ungefähr ist es. Man muss eine multiple Person sein, so wie du es zurzeit bist. In Trance bist du ein Mensch und gleichzeitig ein Astralwesen, denn als Mensch könntest du nicht dort sein, wo du jetzt bist. Du musst dich auf deinen Reisen in ein Astralwesen verwandeln, während der Mensch auf seinem Stuhl sitzt."

„Wenn ich außerhalb meiner Trance bin, habe ich dann auch die Möglichkeit, das Paradies willentlich zu betreten?"

„Die hättest du und wir würden dich auch einlassen. Wir lassen nicht jeden ein, aber Menschen, die guten Willens sind und sich über das Profitdenken und das Materielle hinaus weiterentwickelt haben, öffnen wir das Tor. Es hat nur noch niemand angeklopft. Sie haben alle vorher Angst bekommen."

„Wer sind die Menschen, die hier leben?"

„Es sind Liliths Kinder, die von den Engeln nicht getötet wurden. Manche Engel hatten Mitleid und haben die Kinder heimlich ins Paradies gebracht."

„Was hat Jehova dazu gesagt?"

„Jehova war mit anderen Dingen beschäftigt, er hat das nicht mitbekommen."

„Ich verstehe, er musste sich um seine entarteten Kinder kümmern."

„Sie waren ihm lieb, denn er hat gesehen, dass er Macht über diese Menschen hatte. Über die Menschen im Paradies hatte er keine Macht, denn das Paradies gab es schon, bevor Jehova geboren wurde. Es war eine Schöpfung von Padre und Madre Universalis und den höchsten der Götter."

„Ich hatte gedacht, ich werde heute von Padre und Madre Universalis empfangen."

„Du wirst sie heute nicht sehen, aber sie wollten, dass du uns besuchst, damit ihr Menschen wisst, dass es das Paradies noch gibt und dass es an euch liegt, es wieder zu betreten. In eurem jetzigen Leben geht es nur, wenn ihr gleichzeitig Mensch und Astralwesen seid. Es gibt einige Menschen, die es sind, aber es noch nicht bemerkt haben. Sie könnten an die Tür des Paradieses klopfen."

„Wenn ich an die Tür des Paradieses klopfe und eingelassen werde, bedeutet das meinen irdischen Tod?"

„Das bedeutet deinen irdischen Tod. Wer einmal im Paradies ist, kommt nicht zurück."

„Wenn ich im Paradies bin, komme ich nicht in das Besondere Land der verstorbenen Seelen?"

„Nein, denn das Paradies befindet sich in einer höheren Dimension als das Besondere Land."

„Aber wie kann ich bis zum Höchsten aufsteigen, wenn ich im Paradies bin?"

„Auch die Menschen im Paradies sind sterblich und werden wiedergeboren, aber sie sind gereinigt, geläutert und werden mit anderen Aufgaben geboren als die Menschen aus dem Besonderen Land. Wer im Paradies lebt, ist schon in höheren Dimensionen."

„Mich würdet ihr einlassen?"

„Ja."

„Jetzt bin ich sprachlos."

Der Engel lächelt. „Wir müssen diesen Weg gehen, weil zu wenige Menschen aufsteigen. Wir öffnen das Paradies für diejenigen, die schon etwas weiter sind. Die Läuterung im Paradies und die richtigen Früchte der Erkenntnis helfen den Seelen, sich zu entwickeln. Das hilft auch der Erde, wenn ihr wiedergeboren werdet. Ihr werdet nicht mehr dem Eva- und Adam-Syndrom verfallen, sondern für die Erde arbeiten. Darum ihr Menschen, strebt an, das Paradies zu betreten! Gebt euch Mühe, es zu erlangen. Ihr könnt es in der Meditation, ihr könnt es in der Trance. Wer soweit ist, wird es schaffen, wenn er will. Es sei denn, er sagt, es ist noch zu früh, er will noch nicht die Erde verlassen. Aber das ist eure Entscheidung."

„Wenn ich jetzt sage, ich möchte hierbleiben, werde ich in dem Moment sterben?"

„Wir lassen dich nicht hier, du musst zurück, du darfst das Paradies wieder verlassen. Du musst es sogar wieder verlassen, denn du musst Zeugnis ablegen von dieser Reise und von dem, was die Menschen erwartet. Glaube nicht, dass du es dir so einfach machen kannst."

„Oh ja, entschuldige." Wir lachen.

„Ich habe gesagt, was ich dir sagen wollte. Es war ein sehr wichtiger Besuch und ich bin froh, dass du trotz deiner Bedenken gereist bist und ich bin froh, dass du das schwarze Pferd nicht genommen hast. Jetzt verabschiede ich dich."

„Ich habe gar kein Geschenk für dich."

„Du brauchst kein Geschenk für einen Engel. Dass du gekommen bist, war Geschenk genug: Deine Begleiter sind heute nicht da."

„Merkwürdig."

„Ich weiß, dass sie in Gedanken bei dir sind und dass du nur rufen musst, um Hilfe zu bekommen, aber wir wollten sie nicht ins Paradies einlassen. Dieses Mal noch nicht. Du kannst ihnen bei eurem nächsten Treffen deine Botschaft mitteilen."

„Das werde ich. Ich bedanke mich sehr herzlich für die Audienz, Engel und Hüter des Paradieses."

„Es war mir ein Vergnügen."

Der Engel dreht sich um und jetzt kommen zwei von den Kindern, nehmen mich an die Hand und führen mich. Sie bleiben stehen, ich gehe weiter und habe das Paradies verlassen. Ich stehe in dem unwirtlichen Gebirge, der Wind weht kalt, aber Pegasus kommt.

„War es schön?", fragt er interessiert.

„Es war hochinteressant Pegasus. Ich danke dir, dass du mich hierhergebracht hast."

„Es war mir ein Vergnügen, Renate. Du weißt mittlerweile so viel, du musst es weitergeben."

„Ja, Pegasus."

„Setze dich auf meinen Rücken."

Ich schwinge mich auf Pegasus' Rücken. Sternchen ist immer noch bei mir und gemeinsam fliegen wir zurück. Es geht wieder irre schnell. Vor mir sehe ich schon den Weg, den ich gehe, bevor ich abgeholt werde. Pegasus landet dort. Ich rutsche von ihm herunter, umarme ihn und gebe ihm ein Küsschen. „Ich hoffe, das ist nicht verboten."

„Das ist nicht verboten. Ich danke dir." Er haucht mir einen Kuss auf die Wange.

„Ich bin sicher, wir werden uns wiedersehen", lächelt Pegasus.

„Das glaube ich auch. Vielen Dank. Jetzt habe ich gar kein Heu oder Gras für dich."

„Das brauche ich nicht, ich danke für deinen guten Willen."

Er dreht sich um, hebt ab und ist schon in den Wolken verschwunden.

„Liebes Sternchen, das war beeindruckend, oder?", frage ich meinen Schutzengel.

„Das war beeindruckend. Ich werde deinen Freunden davon erzählen und du den Menschen", erwidert sie.

„So ist es."

„Komme gut nach Hause."

„Dankeschön, Sternchen. Ich freue mich, dass du immer bei mir bist. Aber jetzt sage ich erst einmal Tschüss, weil ich diese Welt verlassen muss, um in meine zu gehen."

„Komme gut rüber."

„Das werde ich, Sternchen." Ich bin in meiner Welt und komme zurück ...

Reise zum Nordpol

Ich sehe den runden Startplatz vor mir, er ist mit hellem grau-weißem Sand ausgelegt, aber die Rosen rundherum sind verschwunden. Es sieht aus, als wenn es gebrannt hätte, das Gras ist verkohlt. Jemand hat hier wohl sauber gemacht, denn gestern war noch eine Mauer da, so dass ich den Startplatz nicht erreichen konnte. Auch der Baum ist fort. Der Startplatz sieht öde aus.

„Betrete ihn nicht", höre ich eine Stimme. Sternchen ist bei mir und sitzt auf meiner Schulter.

„Ich hätte den Platz nicht betreten, liebes Sternchen."

„Das ist vernünftig, aber ich dachte, ich müsste dich erinnern."

„Das ist lieb von dir", bedanke ich mich.

„Es ist eine traurige Gegend geworden", befindet Sternchen.

„Sie war hübsch mit den Rosen und dem Tunnel, aber der Tunnel ist nicht da. Warten wir wieder am Rande des Kreises auf das, was kommt?"

„Ja, meine liebe Renate."

„Wirst du mich begleiten?", frage ich.

„Ich werde dich heute begleiten, die anderen erwarten dich bei deinem Gastgeber."

„Ich bin gespannt, wo es hingeht."

„Lasse dich überraschen."

Aus dem Himmel kommt ein Schlitten auf uns zu, aber er wird nicht von Rentieren gezogen, sondern von zwei Pferden.

„Ist das okay, Sternchen? Beim Anblick eines Schlittens stellen sich mir die Nackenhaare auf."

„Dieser Schlitten ist in Ordnung. Schaue dir die schönen weißen Pferde an."

„Die sind herrlich! Ich glaube, eines ist Grauweiß."

„Ja, ich bin Grauweiß und neben mir ist Blondchen", sagt eines der Pferde.

„Hallo Blondchen."

„Hallo Renate", antworte das Pferd, „wir freuen uns darauf, dich und Sternchen zu deinen Gastgebern zu bringen. Steigt ein."

Kaum sitzen wir im Schlitten, hebt er ab und die Pferde galoppieren durch die Luft. Im Schlitten zu reisen ist herrlich. Ich genieße die Fahrt und schaue auf die Erde, die so schön ist. Ich liebe diese Erde. Wir folgen immer und immer wieder der Krümmung und packen die Erde in Energiebahnen ein. Während ich in der Anderswelt unterwegs bin, wird die Erde mit positiven Energien versorgt.

Wir durchstoßen das Knäuel aus Energie und rasen der Erdoberfläche entgegen. Wir setzen in einer schneebedeckten Landschaft auf. Jetzt hat der Schlitten Glöckchen und ich höre sie klingeln, während wir durch den Schnee gleiten. Ist das schön! Sternchen und ich sind jetzt warm verpackt, denn es ist kalt, es ist sozusagen eisig.

„Wir bringen dich zum Nordpol", verraten die Pferde.

Die Fahrt geht über Eis und Schnee, aber den Pferden macht das nichts aus, denn ihre Hufe berühren kaum die Oberfläche. Es ist ein herrlicher Spaß, nur ein bisschen kalt.

„Dir wird gleich wärmer werden", trösten mich die Pferde. Die Decken um unsere Körper sind jetzt Felle, mir wird wirklich warm. In dieser Gegend sind Felle in Ordnung, aber sie aus Luxus zu tragen oder weil sie schön sind, ist nicht in Ordnung. Die Menschen in den Ländern weiter südlich brauchen keine Felle, aber wer an den Polen lebt, benötigt sie, um sich zu wärmen und dafür geben die Tiere sie gern.

„Da hast du vollkommen recht," sagen die Pferde, „die Tiere geben sie gern, weil die Menschen hier noch Achtung vor den Tieren haben. Sie töten sie nicht aus Freude oder Gier nach Luxus, sondern weil sie die Tiere essen und die Felle nutzen, da geht nichts verloren, dafür stirbt ein Tier mit gutem Gefühl."

„Ich verstehe, was ihr meint, liebe Pferde."

„Wir sind angekommen", rufen sie und halten an.

Der Nordpol ist unspektakulär. Kein Schild verkündet: „Hier ist der Nordpol."

„Woher wisst ihr, dass wir am Nordpol sind?", möchte ich wissen.

„Wir haben das im Gefühl, liebe Renate. Steigt aus."

Wir verlassen den Schlitten, die Pferde heben ab und galoppieren davon. Sternchen und ich sind in einer Eiswüste, ich habe jetzt eine Brille auf der Nase, damit das Eis mich nicht blendet, auch Sternchen hat eine Brille, obwohl sie wahrscheinlich keine braucht, aber sie sieht hübsch damit aus.

Meine Freunde kommen aus dem Nichts auf uns zu, auch sie sind in warme Felle gehüllt. Brummel und Brummeline brauchen kein Fell, ihr Pelz ist dick genug und auch das Einhorn hat keine Decke, es friert wohl nicht.

„Nein, ich friere nicht."

„Ich freue mich, euch zu sehen. Die Pferde haben gesagt, wir sind am Nordpol", begrüße ich die Ankommenden.

„Dann lassen wir uns überraschen."

„Ja, lasst euch überraschen." Jemand steht vor uns. Er ist riesig wie der Herr der Steine, aber ganz aus Schnee und Eis.

„Ich weiß, du bekommst eine Nackenstarre, wenn du zu mir hochschauen musst, das hatten wir, glaube ich, schon einmal", amüsiert sich das Wesen. Es schmilzt auf Menschengröße.

„Ich grüße euch am Nordpol."

„Wir grüßen dich, du fremdes Wesen. Wer bist du?"

„Ich gehöre zu den Wächtern der Pole, genau genommen zu den Wächtern des Nordpols. Wir Wächter sind wichtig, denn wir haben enorme Aufgaben zu bewältigen. Wir müssen das Gleichgewicht der Erde halten, damit sie nicht aus der Bahn gerät, wir müssen die Ekliptik der Erde halten und wir müssen uns um die Magnetfelder kümmern. Wir haben große Aufgaben. Wenn Mutter Erde einen Wandel beschließt, müssen wir ihn ebenfalls durchführen, aber langsam, damit er keinen kurzfristigen Scha-

den anrichtet. Ich bin nur einer der Helfer, der Herr des Nordpols möchte mit euch reden. Bitte folgt mir."

Der Wächter führt uns über das Eis, auf einmal öffnet sich ein Loch vor ihm und wir gehen in das Innere des Eises. Eisige Treppenstufen führen einen engen Gang hinab. Im Gänsemarsch folgen wir dem Wächter und kommen in eine riesige Halle. Sie ist in das Eis geschlagen und wunderschön. Hier braucht man keine Edelsteine, denn im Licht, dessen Quelle ich nicht sehe, funkeln die Eiskristalle wie Diamanten. Rundherum sind aus Eis Sitzgelegenheiten geschaffen und in der Mitte steht ein Thron aus Eis. Ein Paar kommt, es scheint aus Eis und Schnee zu bestehen. Beide Partner sind schneeweiß, haben wunderschöne Gesichtszüge und sind sehr beweglich. Sie nehmen auf dem Thron Platz und wir verbeugen uns.

„Es ist schön, dass ihr endlich den Weg zu uns gefunden habt. Nehmt Platz oder ist es euch zu kalt auf dem Eis?"

„Wir haben Felle, ich glaube, das geht schon. Wir bleiben ja nicht ewig", antworte ich.

„Ich denke auch, für die kurze Zeit, die wir miteinander reden, dürfte es gehen und wenn euch kalt wird, steht einfach auf und lasst euch einen heißen Tee bringen. Den können wir euch auch gleich servieren."

Wächter des Nordpols kommen und bringen heißen Tee. Er schmeckt gut und wärmt die Hände und das Innere.

„Da ist ein Schuss Wodka drin, der ist gut für die innere Wärme. Nun setzt euch."

Wir setzen uns auf die Eisstühle. Durch die Felle ist es nicht so unangenehm, wie ich erwartet habe.

„Wir beide sind die Hüter oder Herren des Nordpols. Herr und Herrin des Nordpols. Der Wächter hat es schon gesagt, die Pole haben Hüter und wir arbeiten eng mit den Hütern des Südpols zusammen. Nord- und Südpol gehören zusammen, man kann sie nicht einzeln betrachten, sie sind eine Einheit und nur durch die Länge der Erde getrennt. Die Hüter schützen ein Paar, das zusammenspielt.

Nord- und Südpol sind wichtig für die Erde, für das Klima, für das Gleichgewicht beim Umrunden der Sonne, für die Ekliptik, also für die Schieflage der Erde. Die Erde ist zwar eine Kugel, doch die Erdachse liegt etwas schief, aber das weißt du."

„Das ist mir bekannt."

„Wir sorgen dafür, dass sie nicht kippt. Wir sorgen auch dafür, dass die Erde sauber rotiert und das Magnetfeld in Ordnung ist, obwohl das immer schwieriger wird. Mutter Erde hat beschlossen, dass sich das Magnetfeld verändert, dass Plus und Minus tauschen. Wir sind dabei, das langsam umzusetzen, aber wirklich langsam, es wird noch 200 bis 300 Jahren dauern, bis die Umkehr erfolgt ist."

„Mutter Erde möchte es, weil die Polumkehr die Erde und die Energien reinigt. Die negativen Energien kommen damit nicht zurecht und verpuffen erst einmal ins Universum. Die positiven Energien kommen damit eher zurecht. Durch die Umkehr der Pole wird die Erde gereinigt, die Erde hat es bitter nötig. Eigentlich müsste es schneller gehen, aber Mutter Erde will es nicht. Mutter Erde möchte den Menschen eine Chance geben, sich aus eigener Kraft zu ändern und nicht dadurch, dass sich die Pole umkehren."

„Bei einer Polumkehr werden nicht alle Menschen überleben. Manche haben eine so dunkle Energie, dass sie verpufft und sie sterben. Das ist nicht weiter schlimm. Sie kommen, je nachdem wie sie in ihrem Leben waren, entweder ins Fegefeuer oder in das Besondere Land. Die Erde ist sie dann erst einmal los und kann sich erholen. Die Überbevölkerung wird dadurch auch gestoppt – falls es in zwei- bis dreihundert Jahren überhaupt noch eine Menschheit gibt."

„Wir müssen bei der Polumkehrung sehr sorgfältig vorgehen, damit nicht schon jetzt ein großer Schaden angerichtet wird. Wir müssen auch die Erdachse stabilisieren, immer wieder. Das ist nicht einfach, wenn ihr Atombombenversuche macht oder die Erde bebt. Es gibt Erdbeben, die verschieben die Erdachse um einige Zentimeter und wir bemühen uns, den Schaden einzudämmen. Je mehr sich die Erdachse neigt, desto mehr verändert sich das Klima auf den Kontinenten. Auch das schadet der Menschheit."

„Die schweren Erdbeben sind nicht von Mutter Erde gemacht, sondern von denen, die die Erde und die Menschheit zerstören möchten, um die Erde zu übernehmen. Die Atombombenversuche sind menschengemacht, aber die Verantwortlichen machen sich keine Gedanken über die Erdachse, wenn sie in Mutter Erdens Bauch diese enormen Energien auslösen. Mutter Erde wird davon immer kranker. Irgendwann kann sie ihrer Arbeit nicht mehr nachkommen und dann muss die Menschheit sehen, wie sie fertig wird."

„Wenn Mutter Erde sich nicht mehr kümmert, bedeutet es das Ende der Menschheit. Mutter Erde ist die Herrin der Naturwesen und wenn sie nicht mehr ist, stellen die Naturwesen ihre Arbeit ein. Ihr müsst Mutter Erde unbedingt am Leben erhalten und die tödlichen Versuche in ihrem Bauch unterlassen. Ihr müsst auch aufhören, die tödlichen Gifte auf Mutter Erde auszubringen. Wenn ihr weitermacht wie bisher, werdet ihr als Menschheit nicht mehr lange existieren. Es werden vielleicht einige wenige überleben, aber ob sie aus den gemachten Erfahrungen lernen, weiß ich nicht."

„Bin ich zu euch gekommen, um wieder einmal eine Standpauke zu hören?"

Amüsiert: „Ja, du bist zu uns gekommen, um eine Standpauke zu hören. Aber wir wollten dir auch von dem erzählen, was die Herren der Pole machen."

„Sorgt ihr auch für das Klima?"

„Nein, dafür sind Mutter Erde und der Wettergott zuständig. Wir arbeiten mit den Eiswesen zusammen, sie haben dir ja gesagt, dass es immer schwieriger wird, das Eis und damit das Gleichgewicht zu halten, weil die Erde immer wärmer wird. Das ist menschengemacht und kaum zu stoppen. Das ist auch ein Problem, an dem die Hüter des Nordpols und des Südpols nahezu verzweifeln, denn durch die Eisschmelze wird das Gleichgewicht der Erde verändert. Die Neigung der Erdachse wird immer schwieriger zu halten."

„Die Erdhüter versuchen ebenfalls, die Neigung zu stabilisieren. Wir arbeiten zusammen, aber je mehr Eis schmilzt, desto schwieriger wird es. Auch daran müsst ihr denken, aber Klimaschutz ist ja für viele Staaten kein Thema. Es geht darum, die Wirtschaft zu stärken und nicht, das Klima zu schützen. Aber Klimaschutz ist eine Voraussetzung für das Überleben der Menschheit, Klimaschutz und das Ende der Atomindustrie."

„Alle Atomkraftwerke müssten sofort stillgelegt werden und unter einer Haube verschwinden, damit sie nicht mehr strahlen. Diese Haube darf weder bei Erdbeben noch bei sonstigen Katastrophen zerbrechen. Es gibt das Material, es ist bekannt bei den Wissenschaftlern, aber es ist irre teuer und wird deshalb nicht eingesetzt. Aber die Erde zu vernichten ist teurer, als alle Atomkraftwerke mit solch einer Haube zu versehen."

„Würde die Haube auch in Fukushima funktionieren?"

„Sie würde wirken. Selbst wenn in Fukushima noch ein Reaktor hochginge, würde nichts passieren. Die Explosion würde es nicht schaffen, die Haube zu zerstören. Ihr habt das Know-how, aber es wird nicht angewandt, weil es teuer ist."

„Lieber werden der Pazifik und die Menschen verseucht."

„Es geht immer nur um Geld. Die Verantwortlichen haben auch Kinder und Enkel und lassen sie in dieser verseuchten Welt leben. Ich weiß nicht, was auf die Menschen in Fukushima noch zukommt. Ich denke an Krankheiten und Mutationen. Sie hätten die Chance, diese Hülle über Fukushima zu stülpen und alles wäre gut. Es wäre das Beste, alle Länder der Erde würden sich zusammentun und die Hülle für das Kraftwerk bezahlen, denn es ist eine Gefahr für die gesamte Menschheit."

„Die anderen Kraftwerke sind noch nicht so gefährlich, aber können es werden. Auch Tschernobyl braucht so eine Hülle, denn es strahlt immer noch und viel mehr, als euch die Wissenschaftler und Politiker glauben lassen. Sie wollen keine Panik auslösen und das würden sie, wenn sie wirklich sagten, was in Tschernobyl los ist. Tschernobyl und Fukushima können das Ende der Menschheit bewirken, ihr arbeitet durch die Klimaveränderung ebenfalls daran, durch die Ausbeutung der Ressourcen, durch die Vergiftung der Böden. Ihr arbeitet mit Hochdruck daran, die Menschheit auszurotten."

„Die Natur wird aufatmen, wenn es keine Menschen mehr gibt, aber Mutter Erde nicht, sie weint. Mutter Erde ist krank und traurig. Ihr müsst ihr Kraft geben und ihr müsst aufhören, ihr weiter zu schaden. Du warst auf Mars und Venus, du weißt, wie es dort aussieht und so wird auch die Erde aussehen, wenn ihr wie bisher weitermacht – ein lebensfeindlicher Planet, der nur noch von Außerirdischen oder feinstofflichen Wesen bewohnt werden kann. Ich weiß, dass deine Leser das nicht unbedingt hören möchten, aber ich kann nichts anderes sagen."

„Ich verstehe dich. Ich habe noch eine Frage."

„Ja, gerne."

„Es wird gesagt, dass am Nordpol ein Eingang zur hohlen Erde ist."

Der Hüter lacht lauthals. „Ich **weiß, dass manche Menschen das glauben, aber die Erde ist nicht hohl und hier ist kein Eingang zu einer hohlen Erde und auch nicht am Südpol. Die Erde ist nicht hohl und jeder, der das behauptet, hat wenig Ahnung von Geophysik, überhaupt von der Erde. Das sind Spinnereien. Auch der Mond ist nicht hohl, keiner der Steinplaneten ist hohl. Es gibt zwar Gänge und Höhlen im Inneren, das ist richtig, aber hohl ist die Erde nicht."**

„Leben dort Menschen?"

„Im Inneren der Erde leben keine Menschen, sie könnten dort nicht überleben. Zum einen können sie nicht tief ins Innere, weil es zu heiß wird, und zum anderen braucht der Mensch Sonne zum Überleben. Eine künstliche Sonne reicht nicht. Sie reicht auch nicht, um gesundes Gemüse zu ernten, denn es hat nicht die Inhaltsstoffe des sonnengereiften Gemüses. Auch euer Gemüse aus den Gewächshäusern ist nicht so gesund wie Freilandgemüse, denn die Gewächshäuser filtern Bestandteile der Sonne aus, die für das Gemüse und die Menschen, die es essen, wichtig sind. Also esst Freilandgemüse und keine Glashausgewächse. Esst, was Mutter Erde euch für jede Jahreszeit bereithält und nichts aus Gewächshäusern. Erstens schmeckt das Gemüse nicht und zweitens hat es nicht die guten Inhaltsstoffe des Freilandgemüses. Aber jetzt kommen wir vom Thema ab."

„Das war aber sehr interessant, lieber Hüter des Nordpols. Darf ich noch eine Frage stellen? Wer unterstützt euch bei der Arbeit?"

„Du hast schon die Wächter gesehen, die uns unterstützen, aber es gibt auch viele Naturwesen, die uns helfen. Elfen unterstützen uns, weil sie mit Energien arbeiten, aber es gibt weitere Naturwesen, die du noch nicht kennst. Du wirst sie kennenlernen, ich werde sie dir deshalb jetzt nicht vorstellen."

„Was seid ihr? Naturwesen, Lichtwesen, Energiewesen?"

„Wir sind Lichtwesen wie die Hüter der Erde."

„Wie ist euer Aussehen, wenn ihr keine Besucher empfangt?"

„Wir sehen immer so aus", antwortet die Hüterin.

„Ihr seid ein schönes Paar."

Wieder antwortet die Herrin des Nordpols: „Dankeschön und ihr seid eine wunderbare Truppe. Da haben die Richtigen zusammengefunden."

„Ich danke."

„Möchtest du noch etwas über die Hüter der Pole wissen?"

„Warum gibt es nur auf der Nordhalbkugel Eisbären und nur auf der Südhalbkugel Pinguine? Was ist der große Unterschied zwischen den Polen?"

„Am Nordpol gibt es Eisbären, weil die nördlichen Meere andere Nahrungsangebote haben als die südlichen. Einen anderen Grund gibt es nicht. Die Eisbären haben einen anderen Nahrungsbedarf als die Pinguine und nur der Nordpol deckt den Nahrungsbedarf der Eisbären und nur der Südpol den der Pinguine."

„Es würde kein Pinguin am Nordpol überleben und umgekehrt?"

„Auf Dauer würde es nicht gehen, sonst hätten sie sich schon längst auf die Reise gemacht."

„Man sagt, dass es auf dem Südpol Basen der Außerirdischen gibt, ist das richtig?"

Wieder antwortet die Hüterin: **„Wollen wir wirklich darüber reden? Besuche die Herrscher des Südpols und sie werden euch Auskunft geben. Wir sind die Herren des Nordpols und möchten nicht darüber reden."**

„Das ist eine aufschlussreiche Antwort. Gibt es solche Basen auch hier auf dem Nordpol?"

„Der Nordpol ist frei von Außerirdischen. Auch dafür sorgen wir."

„Gibt es einen Unterschied zwischen Nordpol und Südpol? Was ist unter dem Nordpol, Wasser? Und was ist unter dem Südpol, Wasser?"

„Unter dem Nordpol ist Wasser, unter dem Südpol ist Land, aber so tief sind die Forscher noch nicht vorgedrungen. Als es die Eiskappe noch nicht gab, war dort eines der schönsten Länder der Erde, aber es ist unter dem Eis verschwunden. Unter dem Nordpol war immer Wasser."

„Wenn ich die Erde im Universum betrachte, ist der Nordpol oben oder unten?"

„Der Nordpol ist unten."

„Das ist witzig. Wenn wir die Erde darstellen, ist er immer oben."

„Die Erde kreist im Universum nicht mit dem Nordpol nach oben, sondern nach unten. Deshalb hat sich hier auch das Wasser gesammelt."

„Also gehen wir auf der Nordhalbkugel mit dem Kopf nach unten durch die Welt."

„So ist es und auf der Südhalbkugel geht man mehr oder minder aufrecht."

„Das finde ich witzig. Aber durch die Erdanziehungskraft merkt man nicht, dass man auf dem Kopf steht."

„Durch die Erdanziehungskraft merkt man das nicht, aber die Menschen der Südhalbkugel fühlen sich auf der Nordhalbkugel nicht wirklich wohl und umgekehrt. Der Körperbau und der Kreislauf sind anders. Wenn ihr auf dem Kopf steht und die anderen nicht, ist es ja klar, dass der Kreislauf unterschiedlich arbeitet. Man kann das eine gewisse Zeit ertragen, aber richtig glücklich werden die Nordmenschen nicht im Süden und umgekehrt. Sie haben gesundheitliche Probleme."

„Das verstehe ich. Da müsste ich einmal recherchieren."

„Mache das und du wirst sehen, dass wir recht haben."

„Dankeschön, das war eine interessante Auskunft."

„Ich freue mich, dass du immer noch etwas Neues lernst."

„Ich auch. Meine Freunde, habt ihr noch Fragen an die Herren des Nordpols?", wende ich mich an meine Begleiter.

„Nein, wir sind von den Informationen genauso erschöpft wie du. Wir wussten es nicht, obwohl wir in der Anderswelt leben. Normalerweise wissen wir mehr als du, aber viele Dinge lernen wir erst durch dich."

„Ich bin begeistert, liebe Hüter des Nordpols, dass ich so viele Informationen bekommen habe. Ich danke euch dafür. Ich habe im Moment keine Frage, habt ihr noch eine Botschaft?"

„Was zu sagen ist, haben wir gesagt und ich hoffe, dass es irgendwann einmal von Menschen gelesen wird, die auch etwas zu sagen haben, die sich um die Erde kümmern. Ich möchte, dass die Eliten das lesen und begreifen, dass nicht Geld das Wichtigste ist, sondern der Erhalt der Erde. Sie haben doch auch Kinder, ich verstehe nicht, dass sie ihre Kinder ihrem Geld opfern, denn das tun sie. Die Eliten opfern ihre Kinder dem Mammon. Ihnen ist es egal, was aus den Kindern wird, Hauptsache sie scheffeln Geld. Sie müssen umdenken. Gib das weiter, darum bitten wir dich von Herzen."

„Das werde ich weitergeben. Ich danke euch, dass ihr uns empfangen habt und für die vielen Informationen."

„Es war uns ein Vergnügen. Hat euch der Tee geschmeckt?"

„Er war wunderbar."

Die Wächter kommen und holen die Gläser. Wir stehen auf, mir wird das Hinterteil etwas kalt. Ich glaube, bei den anderen ist es nicht so schlimm, weil sie feinstofflich sind.

„Du hast recht, wir spüren die Kälte nicht so wie du."

„Entschuldigt bitte, dass ich aufgestanden bin", wende ich mich an die Herren des Nordpols.

„Das ist in Ordnung, wir wollten euch sowieso verabschieden."

Die beiden drehen sich um und gehen. Der Wächter kommt wieder, er führt uns die Treppe hinauf auf das Eis. Ein kalter Wind weht und es ist eisig. Im Innern war es doch gemütlicher. Der Wächter lacht. „Ich hoffe, es war eine angenehme Zeit bei meinen Herren."

„Es war hochinteressant", antworte ich.

Die Pferde mit dem Schlitten sind da. Er ist größer geworden und wird jetzt von sechs Pferden gezogen. Alle meine Freunde und ich können darin Platz nehmen, inklusive Brummel, Brummeline und Sturmwind.

„Vielen Dank lieber Wächter, und grüße deine Herren von uns."

„Das werde ich, gute Reise."

Der Schlitten hebt ab und zischt durch die Luft. „Begleitet ihr mich heute alle zurück?", will ich von meinen Freunden wissen.

„Ja, der Startplatz hat uns nicht gefallen. Wir passen alle auf dich auf. Jeder von uns hat gewisse Fähigkeiten, dich zu schützen, und die packen wir heute zusammen."

„Dankeschön."

Der Schlitten saust um die Erde und sammelt die Energiebahnen wieder ein. Das ist schade, denn sie bleiben immer nur kurze Zeit, aber es sind wichtige Energieschübe.

„Wenn du häufiger kommst, können wir die Kreise öfter ziehen", sagen meine Freunde.

Die Energiekreise sind aufgehoben und jetzt sehen wir eine pechschwarze Wolke vor uns. Sie haben Teer in die Atmosphäre gekippt, es soll uns aufhalten. Die Pferde bremsen vor der Teerwolke. Wir müssen sie auflösen, sie kann nicht bleiben, sie verseucht die ganze Erde.

Merlin steht auf und mit ihm Kalaya und Lillie. Sie sind die drei mit den magischen Kräften und zaubern gemeinsam. Es ist wichtig, die Kräfte zu vereinen, denn Merlin allein würde es bei all seiner Zauberkunst nicht schaffen. Sie sprechen Zaubersprüche und langsam lichtet sich die Teerwolke – und dahinter ist ein Heer von Bösen. Sie scheinen erwartet zu haben, dass sich die Wolke auflöst und rasen jetzt auf uns zu. Sie schwingen Lassos und werfen Speere.

„Pferde rennt los", rufe ich. Sie galoppieren los, springen mit dem Schlitten über das Heer und rasen davon. Es sind die schnellsten Pferde der Anderswelt, die Feinde haben keine Chance, uns zu erreichen, aber sie versuchen es. Sie werfen Lassos, aber erwischen zum Glück niemanden von uns – und jetzt sind wir zu weit weg.

„Meine Güte, das war ein schwerer Angriff. Ich danke euch für eure Magie und eure Hilfe, aber es ist noch ein bisschen Teer in der Luft zurückgeblieben", wende ich mich an Merlin, Lillie und Kalaya.

„Ich weiß," sagt Merlin, „wir werden ihn nachher aus sicherer Entfernung beseitigen. Es ist gut, dass wir alle in dem Schlitten sind und es war gut, meine Damen, dass ihr mich unterstützt habt, allein hätte ich es nicht geschafft. Und liebe Pferde, ihr seid wirklich die besten Pferde der Anderswelt."

Sie wiehern glücklich. Jetzt sehe ich auch schon den Startplatz vor mir. Wir landen daneben.

„Meine Freunde, das war eine interessante und spannende Reise und ich danke euch für euren Schutz. Ich habe euch alle lieb und reise gern mit euch. Es ist immer wieder ein großer Spaß und immer sehr lehrreich."

„Meine liebe Freundin, das finden wir auch."

Wir nehmen uns in die Arme und verabschieden uns. Ich steige aus dem Schlitten.

„Wir warten hier, bis du zurück bist, dann gehen wir, du wirst es nicht merken."

„Ich wünsche euch alles Gute."

„Danke, liebe Freundin. Gehe jetzt zurück."

Ich gehe zurück in meine Welt …

Die Südpolinsel Urania

Ich bin nicht bei meinem gewohnten Startplatz, sondern im Harz auf einer wunderschönen Wiese am Hasenbacher Teich. Ich wundere mich ein wenig. Zahlreiche Hummeln sind bei mir. Sie brummen und fliegen von Blüte zu Blüte.

„Wir sind hier, um auf dich aufzupassen, bis du abgeholt wirst", sagen die Hummeln zu mir.

„Ihr habt schon einmal auf mich aufgepasst", erwidere ich.

„Du erinnerst dich?", wollen die Hummeln wissen.

„Ich erinnere mich gut. Dann kann ich ja in Ruhe warten."

„Sei vorsichtig, du weißt, den Feinden fällt immer wieder etwas Neues ein."

Der Pegasus kommt, daran kann nichts Böses sein. „Hallo, Pegasus."

„Hallo Renate, ich soll dich abholen. Wir kennen das ja schon."

„Ja, Pegasus. Schaue mich einmal an."

Er schaut mich an und aus den Augen strahlt Liebe. Dieser Pegasus kommt nicht von den dunklen Kräften. Ich schwinge mich auf seinen Rücken, umfasse seinen Hals und los geht's.

„Ich habe kein Geschenk", stelle ich fest.

„Wenn du es brauchst, wirst du eines haben", antwortet er weise.

„Gut. Ich frage heute auch nicht, wohin es geht, denn du sagst es mir sowieso nicht."

Der Pegasus lacht. „Du hast vollkommen recht."

Es ist herrlich, auf dem Rücken des Pegasus in den blauen Himmel zu fliegen. Er umrundet die Erde und hüllt sie in Energiebahnen, bis sie wie ein Wollknäuel aussieht.

„Diese positive Energie ist gut für die Erde, darum machen wir das. Sie bleibt da, solange du auf Reisen bist."

Ich spüre den Vorhang und bin in der Anderswelt. Die Sonne strahlt und Pegasus fliegt so hoch, dass ich kaum noch etwas von der Erde sehe, nur die Spitzen der höchsten Berge, Land und Wasser, aber keine Details. Jetzt sehe ich vor uns ein Meer und Pegasus verliert an Höhe. In dem Wasser ist eine Insel, die größer ist als alle Inseln, die ich in letzter Zeit besucht habe. Er landet auf ihr.

„Wir sind angekommen, du kannst absteigen."

Ich steige ab und streichele ihm den Hals. „Es war ein sehr schöner Ritt, vielen Dank."

„Ich freue mich, dass er dir gefallen hat. Du bist eine gute Reiterin und belastest mich nicht."

„Das habe ich in der Anderswelt gelernt."

„Du lernst bei jeder Reise, du lernst viel und das ist gut. Ich hole dich nachher wieder ab."

Er hebt ab und fliegt davon, ich sehe sein strahlendes Weiß vor dem blauen Himmel, doch jetzt ist er fort. Ich schaue mich auf der Insel um. Ich bin umgeben von zahllosen Obstbäumen. Sie hängen voll mit Äpfeln, Birnen, Orangen, Zitronen, Kirschen … Auf dem Boden wächst unterschiedliches Gemüse. Ich kenne nicht alle Sorten, aber ich sehe Mohrrüben, Kohl, Salatköpfe ... Es ist wunderschön hier.

Meine Freunde sind aus dem Nichts erschienen.

„Ich begrüße euch meine Freunde, schön, dass ihr wieder alle da seid", heiße ich sie willkommen. Ich schaue sie an, es fehlt keiner. „Wo sind wir hier, wisst ihr das?"

„Wir wissen es nicht, wir lassen uns überraschen."

Es kommt jemand auf uns zu. Er ähnelt einem Neandertaler. Er trägt kurze Kleidung aus Fell und Leder und zeigt viel nackte Haut. Der Lendenschurz aus Leder ist ein wenig schräg geschnitten, wie ihn manche Ureinwohner tragen.

„Ich bin ein Ureinwohner dieser Insel."

„Auf welcher Insel sind wir?"

„Du bist auf dem Südpol vor vielen Millionen Jahren, bevor das Eis kam und die Insel und das Wasser um sie herum bedeckt hat."

„Ich bin auf dem ursprünglichen Südpol, dem Land, von dem man erzählt, das aber nie gefunden wurde?"

„So ist es! Ich soll dich zu unserem Häuptling bringen, er möchte mir dir reden. Auf dieser Insel hat damals, bevor das Eis kam, ein Volk gelebt. Ich gehöre zu diesem Volk und wir hatten einen Häuptling."

Wir folgen dem Eingeborenen. Er geht durch die zauberhafte Landschaft mit den Obstbäumen, dem Gemüse, den Insekten und Vögeln. Es ist wie ein Paradies. Es ist alles da, ich bräuchte nur die Hand auszustrecken und könnte meinen Hunger stillen.

„Wenn du Hunger hast, dann nimm dir."

„Im Moment nicht, aber ich danke für das Angebot."

Auch meine Freunde danken für das Angebot.

„Wir haben reichlich und geben gern," sagt er. Er führt uns zu einem Dorf, dessen Hütten weiß strahlen. Das muss Marmor sein.

„Es ist Marmor. Wir haben auf der Insel einen Marmorsteinbruch. Wir kennen bereits die Vorteile des Steins.[12] Wir wussten viel, bevor die Insel unterging. Die sich retten konnten, haben von diesem Wissen mitgenommen."

„Konnten sich welche retten?"

„Ja, denn es hat lange gedauert, bis das Eis die Insel bedeckt hat. Die ehemaligen Bewohner wurden auf alle Kontinente verstreut. Viele sind gestorben, aber einige haben überlebt und ihr Blut fließt noch in Menschen von heute. Es sind nicht viele, aber einige haben noch das Blut der Südpolinsel."

„Wie hieß die Südpolinsel, wie habt ihr sie genannt?"

„Wir haben sie Urania genannt. Ich weiß nicht, ob man diesen Namen später geändert hat. Urania war die schönste Insel weit und breit. Nirgendwo wuchsen die Bäume und das Gemüse besser. Nirgendwo war es friedlicher als bei uns. Auf dieser Insel gab es viele Dörfer, aber es gab nie Krieg zwischen ihnen. Jedes Dorf hatte einen eigenen Häuptling, aber sie vertrugen sich alle, es war wirklich das Paradies. Dann kam das Eis und wir sind untergegangen. Aber es gibt immer noch Menschen, die unsere Gene in sich tragen. Sie sollten sich zusammentun, denn in ihnen ist der Wunsch nach dem Paradies. Sie sollten solch ein Paradies auf der Erde schaffen."

„Das wäre schön."

„Aber kommt, ich will euch nichts erzählen, sondern der Häuptling möchte euch sprechen."

Wir erreichen den Dorfplatz. Häuser aus Marmor umgeben den wunderschönen Platz mit Bänken, Springbrunnen, Bäumen. Er ist gepflastert, aber dazwischen ist Grün, sodass sich die Natur auch hier entwickeln kann.

„Setzt euch."

Wir nehmen auf den Bänken Platz und warten. Aus einem der Häuser tritt jemand, der zweifellos der Häuptling ist. Er hat eine enorm starke Ausstrahlung. Er wird von einer Frau begleitet – Frau Häuptling denke ich – und hat ein kleines Gefolge. Er nähert sich und wir stehen auf.

„Ich begrüße euch auf Urania, der Insel des Südpols. Ich freue mich, dass euer Weg euch hierhergeführt hat. Ich möchte euch erzählen, wie es auf Urania war. Aber nehmt Platz."

Das Paar hat keinen Thron, sondern nimmt auf den gleichen Bänken Platz wie wir, die Begleiter platzieren sich um sie herum auf dem Boden.

„Ich bin Cord, der Häuptling dieses Dorfes, und neben mir ist Amalia, meine Frau. Wir führen dieses Dorf und viele Menschen in der Umgebung und allen geht es gut. Jeder kann von den Bäumen und dem Gemüse nehmen. Wir haben alle zu essen und alle, die etwas nehmen, pflanzen wieder Neues. Das ist ein Geben und Nehmen. Wenn sie einen Apfel essen, nehmen sie die Kerne und stecken sie in den Boden, wenn sie Gemüse essen, nehmen sie den Samen und stecken ihn in den Boden und deshalb hört es hier nie auf, zu grünen und zu wachsen."

„Wir haben ein besonderes Klima, dass das ganze Jahr hindurch Wachstum ermöglicht – und das, obwohl wir ein halbes Jahr lang in Dunkelheit leben. Es ist warm in dieser

Dunkelheit, was man heute gar nicht glauben mag. Wir haben künstliches Licht, aber das ist nicht das Gleiche wie die Sonne. Es reicht aber, um das Gemüse wachsen zu lassen. Wir müssen eben mehr essen, weil es nicht so viele Nährstoffe enthält, aber es geht. Die Bäume hören auf, bei künstlichem Licht zu wachsen und zu gedeihen, aber wir haben dann so viel Obst eingelagert, dass wir durch die dunkle Jahreszeit kommen. Wir kennen es nicht anders."

„Das Klima ist das ganze Jahr über angenehm, wir haben kaum Temperaturschwankungen, auch nachts fällt die Temperatur nicht. Das wundert euch sicherlich, weil die Sonne wandert. Wir bekommen noch Wärme von jemand anderem. Zu unserer Zeit gab es im Orbit der Erde einen Kometen, der Hitze abgestrahlt hat und seine Bahn verlief parallel zum Südpol. Wir haben von dem Kometen, der uns begleitet hat, gelebt. Irgendwann ist er erloschen, dann kam das Eis und wir mussten fliehen."

„Dein Begleiter hat schon gesagt, dass einige von uns überlebt haben und ihre Nachfahren heute noch leben, aber sie wissen nicht, dass sie von Urania stammen. Dennoch, tief in ihrem Inneren spüren sie, dass ihre Wurzeln auf einer besonderen Insel haben, manche denken es ist Avalon oder was weiß ich. Urania ist den wenigsten bekannt. Viele halten es für ein Märchen, dass es am Südpol eine paradiesische Insel mit Menschen gab."

„Was können wir Menschen von heute daraus lernen?"

„Ihr könnt daraus lernen, dass es auf der Erde genug zu essen gibt, dass ihr es nur fördern müsst, dass ihr nicht die Landschaft zubetoniert und stattdessen Gemüse und Bäume pflanzt. Diejenigen, die nehmen, müssen auch geben. Ihr braucht keinen Dünger, denn es gedeiht so viel Gemüse, dass nicht alles aufgegessen werden kann. Die Erde düngt sich selbst. Wenn ihr Menschen anfangt, euch wieder selbst zu ernähren, werdet ihr auch nicht so viele Herbizide und Pestizide brauchen, dann haben Ungeziefer und Unkräuter keine Chance, weil laufend geerntet wird. Außerdem sind viele Unkräuter Heilkräuter und können problemlos mitgegessen werden – nicht alle, aber die meisten. Dass die ungenießbaren Kräuter sich ausbreiten, habt ihr zum Teil selbst verschuldet."

„Unsere Gesellschaft ist das, was ihr heute urchristlich nennt. Zu unserer Zeit gab es den Begriff noch nicht, denn Christus war noch nicht geboren. Wir sind viele Millionen Jahre älter als Christus."

„Aber man hört immer, dass es zu dieser Zeit noch keine Menschen auf der Erde gab."

„Doch, es waren Menschen auf der Erde. Wer an die Evolution glaubt, wird es verneinen, aber der Mensch ist kein Produkt der Evolution. Er entwickelt sich zwar weiter im Rahmen der Evolution, aber er wurde nicht von der Evolution geschaffen. Der Mensch stammt nicht vom Affen ab und der Affe nicht vom Fisch. Es waren Eingriffe des Göttlichen und von Mutter Erde. Aus einem Fisch kann kein Affe entstehen, das ist eigentlich logisch. Ein Fisch ist ein eierlegendes Wassertier, ein Affe ein landlebendes Säugetier. Das geht nicht. Es ist schon merkwürdig genug, dass aus einem Fisch ein Wal oder Delphin entstanden ist, aber auch da haben die Götter mitgemischt."

„Der Ursprung der Evolution basiert auf dem Wirken der Götter und dann hat die Natur sich weiterentwickelt. Die menschliche Rasse war von Anfang an göttlich und kein Produkt der Evolution. Es gab natürlich Affenarten, die sich weiterentwickelt haben und deren Knochen man heute findet. Sie werden oft als humanoid eingestuft, aber es waren keine Humanoiden. Neandertaler waren eine Rasse von Humanoiden, die – wie soll ich sagen – aus Experimenten entstanden ist. Es wurde schon früher mit Genen manipuliert und nicht immer zu guten Zwecken. Es gab viele Zivilisationen vor euch, viele haben durch ihre Arbeit die Erde zerstört, genauso wie ihr sie im Moment zerstört. Aber ich möchte dir keine Gardinenpredigt halten. Ich möchte nur euer Weltbild erweitern."

„Die Neandertaler und die vielen Knochenfunde von sogenannten ,Urmenschen" sind nicht Zeugen vom Ursprung der Menschheit, sondern vom Gipfel der Boshaftigkeit der Wissenschaft. Wissenschaftler haben die Menschen teilweise zurückentwickelt, weil sie Sklaven brauchten, gehorsame Wesen. Das machen die Wissenschaftler auch heute mit euch. Sie entwickeln die Rasse zurück."

„Schaut euch doch an, wieviel Dummheit geboren wird. Der Mensch an sich ist nicht dumm, er wird nur dumm gemacht durch die Ernährung, die Luftverschmutzung, den Elektrosmog. All das wirkt sich auf das Gehirn des Menschen aus. Er hört auf zu denken und nimmt nur noch wahr, was andere ihm sagen."

„Diejenigen, die das Sagen haben, schützen sich davor, manipuliert zu werden. Sie haben die Möglichkeit. Manche Menschen sind aber resistent gegen den Dreck in der Luft und in der Nahrung und können selbstständig denken. Sie sind für die Herrschenden gefährlich, weil sie diese Menschen nicht kontrollieren können. So ist es in deiner Gegenwart und so war es viele Generationen auf diesem Planeten. Die Situation, wie sie zurzeit ist, hat eigentlich immer zur Katastrophe geführt. Die Menschheit ist nie ausgestorben, aber sie hat sich dezimiert. Ich muss ehrlich gestehen, das ist gut für Mutter Erde. Je weniger Menschen es gibt, desto besser kann sie sich erholen, denn sie leidet sehr."

„Ich höre dir zu und finde das sehr interessant, ich habe das nicht gewusst. Ich habe immer schon gedacht, dass es mehrere Zivilisationen gab, aber du hast mir heute viel Neues erzählt."

„Das hoffe ich doch. Dafür sind wir da, dass du lernst und deine Leser. Sie können dir glauben oder es lassen, aber ich erzähle dir, wie es ist."

„Und ihr wart eine urchristliche Gesellschaft?"

„Bei uns hat keiner Not zu leiden, hier geht es allen gut. Wenn jemand ein Problem hat, lösen wir es gemeinsam oder er kommt zu mir und ich löse es mit ihm. Es kommt auf das Problem an. Wir hören zu, wir achten aufeinander, wir zeigen tätige Nächstenliebe. Es gibt hier keine Eliten und keine Sklaven, sondern wir sind alle gleich. Auch wenn ich der Häuptling bin, bin ich genauso gleich wie die Bürger dieses Dorfes. Ich habe die Qualitäten, ein Dorf zu führen, dafür zu sorgen, dass es allen gut geht, etwas anderes brauche ich nicht."

„Ich stehe in engem Kontakt zu den Häuptlingen rundherum und sie alle arbeiten genauso wie ich. Alle Dörfer sind wie dieses hier. Wir haben Selbstversorgung, Selbstverwaltung und wir entscheiden gemeinsam, wenn etwas zu entscheiden ist – also die Urform der Demokratie. Ich bestimme nicht und die anderen müssen machen, sondern wir bestimmen gemeinsam, aber das geht nur in kleinen Gemeinschaften. In einem Staat mit 80 Millionen Einwohnern ist es kaum durchzuführen, außer du hältst in jedem Ort solche Vollversammlungen ab, aber das wird nicht gehen. Ihr seid zu viele Menschen auf der Erde. Ihr müsst etwas dagegen tun, aber ich denke, Mutter Erde ist schon dabei, selbst etwas zu unternehmen."

„Die Erde ist momentan sehr unruhig, sie bebt, Vulkane brechen aus. Auch die Energien sind unbeständig. An manchen Tagen wie heute sind sie ruhig und an anderen Tagen sind sie sehr unruhig. Das hängt auch von Mutter Erdens Zustand ab, denn sie windet sich, sie hat Schmerzen. Wenn es ihr etwas besser geht, ist es auf der Erde ruhiger, wenn es ihr nicht so gut geht, wird es auf der Erde wieder hoch hergehen, energetisch und auch mit Erdbeben und Vulkanausbrüchen. Es ist so, als wenn bei einem Menschen ein Furunkel platzt. Erdbeben und Vulkanausbrüche sind ein Stück Heilung für Mutter Erde, dann schließt sich dieser Furunkel und es geht ihr besser."

„Doch zurück zu den Inselbewohnern. Wir sind bodenständig, aber auch sehr spirituell. Wir haben Magie, wir sind hellsichtig, wir haben viele der uralten Fähigkeiten, die früher jeder Mensch hatte. Sie sind im menschlichen Gehirn angelegt, wurden aber durch die Evolution verschüttet, weil die Menschen sie nicht benutzt haben. Aber es gibt Menschen, die diese Fähigkeiten immer noch anwenden. Sie haben sie unter dem Müll, der auf sie geschüttet wurde, hervorgeholt. Jeder Mensch kann das, du musst nur alles wegräumen, was diese Fähigkeiten in dir behindert."

„Ist es nicht so, dass wir nur die Fähigkeiten mitbekommen, die wir in unserem Leben brauchen?"

„Das ist schon richtig, aber Fähigkeiten, die in jedem Menschen vorhanden sind, bekommst du trotzdem mit. Du bekommst extra Begabungen oder verschüttete wurden blankpoliert, damit du sie nutzen kannst. Du kannst sie auch selbst blankpolieren, du musst nur wissen wie."

„Wie mache ich das?"

„Indem du in dich hineinschaust und den Schmutz suchst, der auf ihnen liegt. Beseitige den Schmutz. Es ist seelischer Schmutz, es ist richtiger Schmutz, du wirst es sehen, wenn du damit anfängst."

„Ich danke dir für den Tipp."

„Du bist müde."

„Das stimmt. Ich danke für alles, was du gesagt hast."

„Ich danke dir und deinen Begleitern, dass ihr mir zugehört habt. Ich hoffe, ihr habt etwas gelernt."

„Ich habe jede Menge gelernt."

„Wir auch", sagen meine Begleiter. „Wir leben zwar in der Anderswelt, aber kennen längst nicht alle Geheimnisse."

„Auch die Lebewesen in der Anderswelt erfahren die Geheimnisse nur stückchenweise, wie sie es verkraften – genauso wie die Menschen auf der Erde. Wir hier auf Urania sind schon viele Millionen Jahre alt, wir haben viel erlebt und gesehen. Deshalb können wir auch viele Dinge erzählen, die andere nicht wissen. So weit zurück in die Zeit reicht kaum ein anderes Volk."

„Das mit dem Kometen, der euch Wärme gespendet hat, finde ich sehr interessant. Könnte es passieren, dass die Erde sich wieder so einen Kometen einfängt?"

„Das könnte passieren, aber ich weiß nicht, ob es vorgesehen ist. Wenn es so wäre, würde das Eis schmelzen, ein großer Teil der Erde würde überflutet werden, aber

Urania käme wieder zum Vorschein. Die Gebäude aus Marmor sind im Eis nicht zerfallen, sondern konserviert und das sind auch einige von unseren Bewohnern, die Urania nicht verlassen wollten. Eure Archäologen hätten etwas zum Staunen. Aber jetzt verabschiede ich dich. Ich habe dich mit Informationen überhäuft, ich glaube, das reicht jetzt."

„Ich denke auch. Wenn ich Fragen habe, darf ich wiederkommen?"

„Natürlich darfst du wiederkommen, wir würden uns freuen. Jetzt verabschieden wir euch."

„Dankeschön für den Empfang und die vielen Informationen."

„Es war mir ein Vergnügen."

Unser Begleiter ist wieder da. Er führt uns dorthin, wo wir angekommen sind.

„Danke", wende ich mich an den Begleiter, „dass du uns so gut geführt hast."

„Es war mir ein Vergnügen, denn ich weiß, dass es ein Herzenswunsch von unserem Häuptling und seiner Frau war. Ich verabschiede mich."

„Wir verabschieden uns auch, mach's gut."

„Liebe Renate, heute trägt dich der Pegasus und wir denken, dass es nicht notwendig ist, dich zu begleiten", sagen meine Freunde.

„Ich teile eure Meinung", erwidere ich.

Der Pegasus landet. „Ich habe nichts Bedrohliches gespürt."

„Wir auch nicht und deshalb werden wir Renate nicht begleiten. Es ist alles ruhig", sagen meine Freunde.

Wir verabschieden uns, ich schwinge mich auf den Pegasus, umklammere seinen Hals und zurück geht es. Ich spüre den Vorhang und jetzt sehe ich die Erde vor uns. Wir umrunden sie rasend schnell, sammeln die Energiebänder wieder ein und da ist auch schon meine Wiese bei dem Teich. Der Pegasus landet darauf. „Das war eine schnelle Rückreise", freut er sich.

„Sie war sehr schön, du fliegst so wunderbar ruhig, ich wäre fast auf deinem Rücken eingeschlafen", erwidere ich.

Er lacht. „Ich wünsche dir alles Gute, Renate. Komme gut nach Hause, wir sehen uns."

Er hebt ab und fliegt davon. Ich drehe mich zum Wasser, schaue hinein und komme zurück in meine Welt …

Lemuria – Die verlorene Insel

Ich bin wieder im Harz auf der Wiese am See. Sie blüht herrlich und ich setze mich ins Gras. Ich fühle mich wohl. Neben mir liegt auf einmal ein Geschenk, es ist in weißem Papier verpackt und hat eine goldene Schleife. Ich nehme es an mich, es ist leicht. Ich bin gespannt, wer mich abholt und wohin es geht. Um die Zeit zu vertreiben, lege ich mich ins Gras und genieße die warmen Sonnenstrahlen.

„Na, du faule Socke."

Ich muss lachen und richte mich auf. Neben mir steht Grauweiß.

„Grauweiß, schön, dass du da bist. Ich war gespannt, wer mich abholt", begrüße ich das Pferd.

„Und dann hast du angefangen zu träumen."

„Ich habe die Stimmung genossen."

„Das kann ich verstehen, es ist ein sehr schöner Platz und ich bin froh, dass die dunklen Kräfte ihn noch nicht vergiftet haben. Aber sie haben mitbekommen, dass du jetzt woanders startest. Wir müssen vorsichtig sein."

„Ja, seid vorsichtig!" Sternchen setzt sich auf meine Schulter. „Ich begleite dich, obwohl Grauweiß das schnellste Pferd der Anderswelt ist. Dir kann nichts passieren."

Ich schwinge mich auf den Rücken und Grauweiß galoppiert los. Er umrundet die Erde und wickelt sie wieder in Energiebänder ein. In der Ferne sehe ich Feinde, aber sie geben sich keine Mühe, uns einzuholen. Sie sehen das Pferd und wissen, dass sie keine Chance haben. Ich befürchte, sie lassen sich etwas für die Rückreise einfallen, aber damit will ich mich jetzt nicht belasten.

Grauweiß hat die Erde komplett in Energiebänder eingepackt und verliert Höhe, die Erde kommt näher. Ich sehe ein paradiesisches Land vor mir mit vielen Seen und Flüssen. Überall scheint es zu blühen und die Bäume und Büsche tragen Früchte. Vögel sind am Himmel und je näher wir kommen, desto mehr Tiere sehe ich: Hasen, Rehe, Pelztiere, aber es sind auch welche dabei, die ich nicht kenne.

Grauweiß landet auf einer Lichtung neben einem See. Das Wasser plätschert träge ans Ufer, Fische schnappen nach Insekten, ein majestätischer weißer Schwan zieht seine Bahn.

„Wir sind da, steige ab."

Ich streichle Grauweiß den Hals und die Nüstern. „Der Ritt war wieder sehr schön. Ich freue mich schon auf die Rückreise."

„Jetzt lasse dich erst einmal von deinen Gastgebern überraschen und danach reden wir über die Rückreise. Ich sehe dich."

Das Pferd hebt ab und galoppiert durch die Lüfte davon. Ich bin mit Sternchen allein an dem wunderschönen See. Der Schwan nähert sich und neigt seinen langen Hals zur Begrüßung.

„Hallo Renate, ich freue mich, dass du angekommen bist. Wir warten noch auf deine Freunde und dann geht's los."

Wir brauchen nicht zu warten, sie sind da. Ich umarme jeden einzelnen: meine Freundinnen Lillie und Kalaya, meine Freunde El Morya, Merlin, Karl, den Illumanten, Brummeline und Brummel und natürlich mein Einhorn und Chowei. „Ich bin so glücklich, euch zu sehen. Ich bin ganz gespannt, was uns erwartet", begrüße ich sie.

„Wir auch und wir freuen uns, dich zu sehen, Renate."

Der Schwan verbeugt sich noch einmal: „Willkommen, Renates Begleiter. Dann sind wir komplett und es kann losgehen."

Auf einmal sind mehrere Schwäne auf dem See und bringen ein Boot. „Steigt ein!", sagen sie.

Die Schwäne ziehen das Boot hinaus auf den See. Vor uns erscheint eine Insel und wir landen an einem Strand.

„Steigt aus", bitten die Schwäne.

Die Insel sieht unbewohnt aus. Sie ist nicht so üppig wie das Festland, aber sehr schön. Sie ist nicht groß, ein bisschen hügelig und sehr grün, aber es gibt nicht so viele Pflanzen, Tiere und Obst wie auf dem Festland.

„Uns reicht, was die Insel bietet." Vor uns steht ein wunderschönes Paar. Er hat dunkle Haare, sie blonde. Beide sind in weiße Gewänder mit goldenen Bordüren am Saum gekleidet. Ihr Kleid ist in der Mitte mit einem Gürtel gerafft, während seines gerade herunterfällt. Ihr Kleid hat Träger, seines hat kurze Ärmel. Die beiden sehen jung aus, aber in der Anderswelt kann man das Alter nicht schätzen.

„Wir sind relativ jung für die Anderswelt. Unsere Insel ist noch nicht lange hier."

„Wo bin ich hier?"

„Du bist auf der verlorenen Insel."

„Ich habe noch nie von der verlorenen Insel gehört."

„Du wirst jetzt gleich von der verlorenen Insel und ihren Bewohnern hören. Folgt uns."

Wir folgen den beiden und je weiter wir gehen, desto größer wird die verlorene Insel.

„Wir sind in Lemuria", sagen sie. **„Lemuria ist die verlorene Insel, sie ist untergegangen, bevor sie sich voll entwickeln konnte."**

„Ich dachte, Lemuria war ein Kontinent."

„So groß war Lemuria nicht. Es war eine große Insel in einem See. Es gab ein Volk auf dieser Insel und wir gehören dazu."

„Waren die Bewohner von Lemuria feinstofflich?"

„Wir sind feinstofflich, haben aber schon grobstoffliche Anlagen. Wir sind so wie deine Begleiter und du siehst uns, wie du deine Begleiter siehst."

Wir kommen in eine wunderschöne weiße Stadt. Sie ist aus Marmor errichtet, in der Mitte erhebt sich ein enorm hoher Turm.

„Damit haben wir Kontakt ins Sonnensystem und darüber hinaus. Der Turm ist eine Art Antenne. Wir können damit sehr weit senden und von weit entfernt empfangen. Lemuria war technologisch hoch entwickelt, höher als At-

lantis und alle kommenden Kulturen und Zivilisationen. Wir waren technologisch viel weiter, als ihr es heute seid. Ihr seid noch Anfänger, was die Technik betrifft und ihr seid Tölpel dabei, denn ihr nutzt die Ressourcen der Erde, das hatten wir nicht nötig. Wir mussten die Erde nicht für unsere Technik ausbeuten. Sie hat uns gegeben, was wir brauchten."

„Wir brauchten auch nicht viel, weil wir glückliche Menschen waren und ein glücklicher Mensch braucht kein I-Phone oder Smartphone, er braucht auch keinen Fernseher und kein Telefon. Ein glücklicher Mensch unterhält sich mit seinen Nachbarn, mit seinen Freunden und kann telepathisch mit seinen Freunden in Verbindung treten, deshalb brauchten wir kein Telefon. Wir brauchten kein Fernsehen, weil wir unsere Freizeit anders gestalteten. Wir hatten so viele Möglichkeiten: Schwimmen gehen, miteinander essen, Freundschaften pflegen, miteinander diskutieren, all das, was bei euch verlorengeht, weil ihr vereinzelt und vereinsamt."

„Die Menschheit vereinzelt durch die Technik. Ihr vereinzelt durch die Smartphones und I-Phones, durch das Fernsehen und die vielen Angebote, die auf euch herabprasseln und die euch nicht dazu animieren, selbst kreativ zu sein, hinauszugehen. Ab und zu mal in die Kneipe oder zum Essen zu gehen reicht nicht, vor allen Dingen nicht, wenn man immer die gleichen Leute trifft. Man muss neue Menschen kennenlernen, sich austauschen, interessante Themen diskutieren und nicht nur am Arbeitsplatz, sondern auch in der Freizeit."

„Jeder Mensch sollte Interessen haben, die er vertritt oder denen er sich widmet. Ihr müsst wieder anfangen, euch Hobbies zu suchen und euch mit Menschen auszutauschen, die diese Hobbies mit euch teilen. Fernsehgucken ist kein Hobby, mit WhatsApp zu chatten auch nicht. Ein Hobby ist, Musik zu machen, zu malen, kreativ zu sein, ein Hobby ist, zu fotografieren, Schiffe zu bauen, sie auf dem Teich schwimmen zu lassen oder Modellflugzeuge oder Sport, was weiß ich … Es gibt so viele Möglichkeiten, seine Freizeit zu verbringen, kreativ zu verbringen – mit Menschen. Du verstehst, was ich meine?"

„Ich verstehe dich sehr gut."

„Aber ich bin vom Thema abgekommen. Also, das ist unsere Antenne, mit der wir Kontakt zu vielen Welten haben."

„Haben die Welten auch Kontakt zu euch?"

„Wir kommunizieren mit vielen Welten, in denen gute Wesen leben. Wir lernen von ihnen und sie lernen von uns, das ist ein Geben und Nehmen."

"Habt ihr euch schon besucht?"

„Nein, die Entfernungen sind zu groß, die Außerirdischen sind technisch noch nicht so weit wie in eurer Zeit. Wir haben es abgelehnt, Raumschiffe zu bauen. Wir müssen nicht ins Universum fliegen, die Erde ist uns genug. Wir lieben Mutter Erde, sie ist traumhaft schön, das sagst du ja auch immer, wenn du spazieren gehst, obwohl unsere Umwelt mit deiner überhaupt nicht zu vergleichen ist. Wir leben in einem Paradies. Es ist ein Geben und Nehmen."

„Wir haben alles, was wir brauchen. Wir brauchen keine Reichtümer, wir sind zufrieden wie es ist. Wir haben natürlich Handwerker, die unsere Kleidung herstellen, wir haben Köche, die unser Essen kochen. Wir essen gern gemeinsam, wir vereinzeln nicht dabei. Wir haben keine Familien wie ihr, sondern leben in Gruppen mit wechselnden Mitgliedern. Jemand kommt, fühlt sich in der Gruppe wohl, bleibt und geht wieder, wenn seine Interessen sich ändern. Man muss nicht sein Leben lang die gleichen Interessen haben, man darf sie durchaus wechseln. Wenn du etwas gelernt hast, ist doch klar, dass du etwas Neues lernen möchtest und dann besuchst du eine andere Gruppe."

„Das ist so ähnlich wie auf Atlantis." [13]

„Die Atlanter haben das System von uns übernommen, sie haben auch das System mit den Kindern von uns übernommen, denn als Lemuria, die verschollene Insel, unterging, haben sich einige gerettet. Sie waren die Anfänge von Atlantis. Wir sind Inselbewohner, wir können nicht auf dem Festland leben. Wir brauchen das Wasser um uns herum, wir müssen es sehen können oder zumindest riechen."

„Habt ihr hier in Lemuria auch Landwirtschaft?"

„Wir haben Landwirtschaft, wir bauen unser Gemüse und das Fressen für unsere Tiere an. Wir essen keine Tiere, aber wir verwöhnen sie manchmal. Pferde mögen gern Karotten, Schweine fressen mit Vergnügen Kohl und Salat und wir geben ihnen, was sie gern verzehren. Wir selbst essen vor allem Gemüse, Salate, Obst – wir leben vegetarisch. Wir essen keinen Käse, aber Eier. Wir nehmen den Vögeln manchmal ihre Eier weg, die Vögel wissen das und nehmen es uns nicht übel, hier hat jeder genug. Wir achten darauf, dass die Vögel nicht aussterben. Wir essen auch nicht viele Eier, wir leben in erster Linie von Obst, Gemüse und Salaten, aber für Menschen ist das nicht die ursprüngliche Ernährung. Ihr sollt essen, was Mutter Erde für euch bereithält. Wir waren noch feinstofflich und hatten andere Bedürfnisse. Die grobstofflichen Menschen dürfen ab und zu Fleisch essen, weil Mutter Erde es so gewollt hat. Sie sollten es aber nicht täglich und sie sollen vor allem ihre Tiere anders halten, als es zurzeit der Fall ist. Tiere haben eine Seele, sie haben Würde und sie in Mastställen zu halten, ist würdelos. Ich glaube, du weißt, was ich meine."

„Ich verstehe sehr gut, was du meinst. Wir misshandeln die Tiere und es ist ein würdeloses Leben bis zum Schlachthof."

„Genauso ist es. Lasst sie sein, wie sie sind, lasst die Schweine und Kühe nach draußen, lasst die Schweine sich suhlen, damit sie glücklich sind. Glückliche Tiere geben ein viel besseres Fleisch als unglückliche Tiere und glückliche Tiere opfern sich gern für die Menschen, denn sie wissen, dass sie zur Erde kommen, um gegessen zu werden. Es ist für sie eine freie Entscheidung."

„Wir können den Tieren nicht dankbar genug sein."

„Da hast du vollkommen recht. Eure Kuscheltiere wie Vögel, Fische, Hamster, Ratten sind keine Haustiere. Entlasst sie in die Freiheit. Sie haben es nicht verdient, in Käfigen zu leben, züchtet diese Tiere nicht weiter. Eine Ausnahme machen Hunde und Katzen, denn sie wurden in Jahrtausenden domestiziert. Ihr haltet sie aber normalerweise nicht in Käfigen, dann sperrt auch die anderen Tiere nicht ein."

„Ich denke, da hast du recht."

„Gebt den Tieren in den Aquarien ihre Freiheit. Zoos haben eine gewisse Berechtigung, weil dort auch vom Aussterben bedrohte Tiere leben, aber die Zoos sollten artgerechter sein."

„Auflösen sollen wir sie nicht?"

„Nein, aber die Tiere sollten artgerechter gehalten werden, in allen Zoos und auch in den Aquarien. Wo ihr vom Aussterben bedrohte Tiere hegt, lasst sie artgerechter leben, gebt ihnen mehr Freiraum und bitte, entlasst die Delphine und Wale ins Meer. Sie in Gefangenschaft zu halten, ist ein Vergehen an Mutter Erde, an der Natur. Entlasst die Säugetiere ins Wasser, die ins Wasser gehören. Sie gehören nicht in den Zoo, solange sie nicht vom Aussterben bedroht sind."

„Ich verstehe. Warum hast du mich hierher eingeladen?"

„Es wird viel von Lemuria gesprochen und ich wollte euch zeigen, dass es Lemuria wirklich gab, dass es keine Fiktion ist und dass wir hier gut gelebt haben, wir hatten alles. Wir hatten Geburtenkontrolle, das muss ich noch dazu sagen. Eine Frau durfte nicht mehr als zwei Kinder haben. Nur wenn ein Kind starb, durfte sie ein weiteres bekommen. Dadurch haben wir die Bevölkerungszahl kontrolliert und dafür gesorgt, dass Lemuria nicht unkontrolliert wächst und seine Bewohner nicht mehr ernähren kann. Das solltet ihr auf der Erde ebenso machen."

„Keine Frau sollte mehr als zwei Kinder haben, aber zwei Kinder sollten Pflicht sein, weniger ist auf Dauer nicht gut. Um eure Bevölkerungszahl zu reduzieren, können es am Anfang natürlich weniger sein, aber langfristig muss es das Ziel sein, dass jede Frau zwei Kinder zur Welt bringt. Die Überbevölkerung ist ein Riesenproblem der Erde. Du siehst, hier ist alles im Lot, weil wir die Bevölkerungszahl im Griff haben."

„Wie verhindern die Frauen, dass sie mehr Kinder bekommen?"

„Wir haben Verhütungsmittel aus der Natur. Sie wachsen auch auf Mutter Erde, ihr müsst sie nur wieder nutzen. Nehmt nicht Antibabypillen, die krank machen und Krebs erzeugen, sondern helft euch aus der Natur. Ich kann dir jetzt nicht sagen, was genommen werden muss, denn ich bin kein Kräuterexperte, aber ich weiß, dass Mutter Erde Pflanzen hat, die euch bei der Verhütung helfen. Ich glaube, das hat Jesus auch schon gesagt." [14]

„Ja, das hat Jesus gesagt. Zu welchen Göttern betet ihr?"

„Wir hatten viele Götter, aber unsere Hauptgötter waren Madre und Padre Universalis. Zu unserer Zeit waren sie noch nicht eingeschlafen, sondern sehr aktiv. Sie haben viel für die Erde getan, für das Sonnensystem und das Universum. Ohne die beiden wäre unser System nicht so stabil gewesen. Als wir immer grobstofflicher wurden, haben die Menschen aufgehört, zu Padre und Madre Universalis zu beten, sondern haben sich den Meeresgeistern und Mutter Erde zugewandt. Das ist an sich nicht schlecht, aber es war nicht gut, dass die beiden obersten Götter vergessen wurden. Sie waren so fern von den Bewohnern Lemurias."

„Als die Bewohner Lemurias immer grobstofflicher wurden, konnte die Insel sie nicht mehr tragen. Sie war für feinstoffliche Wesen geschaffen. Sie schwamm nur auf dem Wasser und als die Bewohner immer mehr Gewicht bekamen, versank die Insel. So wurde sie eine verlorene Insel. Die Grobstofflichkeit hat sie aus dem Gleichgewicht gebracht."

„Gibt es auf der Erde noch irgendwo die Insel Lemuria?"

„Ja."

„Ist die Insel wieder aufgestiegen, nachdem die grobstofflichen Bewohner gestorben sind?"

„Sie ist nicht aufgestiegen, sondern hat sich im Meeresboden verankert. Wenn es an der Zeit ist, wird Lemuria sich wieder zeigen – so wie auch andere Inseln, die verloren sind. Es gibt noch mehr Inseln mit verlorenen Kulturen."

„Aber wir sind in einem See, du hast von einem Meeresboden gesprochen."

„Zu Zeiten Lemurias war hier das Urmeer, aber die Erdoberfläche hat sich verändert und Lemuria wurde zu einer Insel in diesem See. Sie ist für deinen Besuch hochgestiegen, aber wird wieder untergehen."

„Und ihr?"

„Wir leben in einer anderen Dimension, wir sind aufgestiegen."

„Sind alle Menschen von Lemuria aufgestiegen?"

„Nein, aber viele, denn wir waren sehr spirituell. Ich sagte bereits, dass sich einige retten konnten und Atlantis gegründet haben."

„Warum haben sie es nicht Lemuria genannt?"

„Die ständige Erinnerung hätte uns traurig gemacht. Atlantis war nicht wie Lemuria, es war nicht dieses Paradies. Atlantis war von Beginn an ein Kampf gegen die Elemente. Die Lemurianer haben am Anfang versucht, ihr Paradies zu leben, aber du weißt ja, was aus Atlantis geworden ist. Es wanderten Bewohner von anderen Inseln ein und nicht alle hatten das Gemeinschaftsgefühl der Lemurianer und sie haben sich letztlich durchgesetzt."

„Die Atlanter waren kein einheitliches Volk?"

„Am Anfang sind viele nach Atlantis eingewandert, sie haben sich natürlich vermischt, sodass man von Atlantern sprach, aber sie hatten unterschiedliche Gene. Das hat sich dann auch bei der Entwicklung vom Goldenen Zeitalter bis zum Zerfall gezeigt."

„Das war wieder hochinteressant. Ich lerne im Moment viele alte Kulturen kennen."

„Das gehört zum Verständnis der Geschichte der Erde. Auch wir sind ein Teil dieser Geschichte und die Lemurianer, die überlebt haben, sind ein Teil der Geschichte der modernen Welt. Auch in der modernen Welt, in deiner Zeit, gibt es noch Menschen mit dem Blut von Lemuria. Es sind nicht mehr viele, aber sie sind besondere Menschen, du solltest sie suchen."

„Können die Menschen etwas von Lemuria lernen?"

„Ja. Zum einen, dass Verhütung unheimlich wichtig ist, zum anderen, dass man Technik entwickeln kann, ohne Mutter Erde auszubeuten und ohne die Ressourcen unnötig zu belasten. Man muss nur forschen können, ohne Profit im Sinn zu haben. Die Profitgier ist das Ende der Menschheit!"

„Ihr könnt auch lernen, dass man nicht mit Technik kommuniziert, sondern mit anderen Menschen. Es ist viel erfüllender, mit anderen Menschen zusammen zu sein als mit seinem Smartphone. Ihr könnt lernen, euch Interessen zuzuwenden, Hobbies zu haben und nicht immer nur vor dem Fernseher zu hocken oder dem PC."

„Ich appelliere an die Menschheit, nicht zum Roboter, zum Sklaven der Technik und der Elite zu werden. Werdet wieder Menschen, fangt an, selbst zu denken, dazu gehört auch die Freizeitgestaltung. Sie bringt euch dazu, aus dem alten Trott auszubrechen und das ist es, was die Erde braucht: Menschen, die wieder selbst denken und sich nicht manipulieren lassen. Das ist mein Appell an euch: Fangt wieder an, selbst zu denken."

„Übt es durch Freizeitbeschäftigungen, lasst euch nicht mehr manipulieren, nicht von den Medien und von all diesen Dingen, die auf euch einstürzen und die euch vereinsamen oder vereinzeln. Werdet wieder kommunikativer, redet miteinander. Das macht die Welt ein ganzes Stück besser, glaube es mir. Bei den Ureinwohnern vieler Kontinente ist die Welt noch in Ordnung, weil sie miteinander reden und sie reden mit Mutter Erde. Wenn ihr miteinander redet, hört auch wieder auf die Natur und Mutter Erde, hört auf die Götter. Im Moment dringen sie durch den Wust von Technik und Elektrosmog nicht mehr zu euch durch. Wenn ihr wieder miteinander redet und die Technik abschaltet, hört ihr auch wieder die Stimmen der Natur und der Götter. Das war mein Schlusswort."

„Ich danke euch für eure Worte, für eure Ratschläge und Ermahnungen. Es war hochinteressant und ich habe noch tausend Fragen, aber es ist heute nicht mehr die Zeit, sie zu beantworten."

„Du bist schon sehr lange bei uns und musst fort."

„Das Gefühl habe ich auch. Es wird Zeit, die Reise zu beenden."

„Es hat uns sehr gefreut, dich bei uns zu begrüßen."

„Mich, und ich glaube auch meine Begleiter, hat es genauso gefreut, euch zu sehen und all das zu hören. Es war mir eine große Ehre."

„Uns auch. Wir bringen euch wieder zu den Schwänen."

Wir steigen in das Boot, das auf uns wartet. „Ich habe noch ein Geschenk für euch."

Ich überreiche ihnen das kleine weiße Paket, sie öffnen es gemeinsam, die Schleife, das Papier, den Karton und darin ist ein goldener Ball …"

„Das ist die Erde, wie sie aussieht, wenn das goldene Zeitalter wieder anbricht, dann sind wir nicht mehr der blaue Planet, sondern der goldstrahlende Planet – die goldenen Strahlen sind Energien der Reinheit und werden die Erde umhüllen, freut euch schon darauf."

„Die Sonne kann da durchdringen?"

„Natürlich kann sie durchdringen, bei euch wird sich nichts ändern, außer, dass ihr wirklich gut lebt, spirituell seid, Freude habt, zufrieden seid, lacht, tanzt. Es ist das Goldene Zeitalter, das ich euch wünsche und das diese Kugel symbolisiert. Wir danken für das Geschenk. Wir

werden es mitnehmen in unsere Dimension und alle sollen es sehen und daran arbeiten, dass dieses Goldene Zeitalter für die Erde anbricht. Es wird noch dauern, aber irgendwann wird es Wirklichkeit."

„Das wäre zu schön."

„Jetzt wünsche ich euch eine gute Heimreise."

„Vielen Dank für das Gespräch."

Wir sitzen in dem Boot, ich winke ihnen zu und die Schwäne bringen uns ans Ufer, wo wir gestartet sind. Grauweiß steht schon da und mit ihm vier weitere Pferde. „Ich habe vier Pferde mitgebracht", sagt Grauweiß, „weil ich denke, dass die Männer dich heute begleiten sollten."

„Das Gefühl haben wir auch", sagt Merlin, „wir haben die Feinde aus der Ferne gesehen."

„Darum ist es gut, wenn ihr mitkommt", unterstreicht Grauweiß.

„Das machen wir gern", sagt Merlin, „nicht wahr, meine Freunde?"

Sie antworten mit „ja" und Merlin, Karl, El Morya und der Illumant besteigen die Pferde. Ich verabschiede mich von den Frauen. „Es war schön, euch dabeizuhaben. Kommt gut zurück."

„Wir kommen gut zurück, da brauchst du keine Angst zu haben. Komme auch du gut nach Hause."

„Ich habe Grauweiß und meine männliche Begleitung, was soll da schief gehen?"

„Und du hast mich", erinnert Sternchen.

„Und ich habe dich, Sternchen", freue ich mich. „Macht's gut", rufe ich den Frauen zu.

Die Pferde heben ab und wir sammeln wieder die Energiebänder ein. Eine schwarze Wand erscheint vor uns. Wir stoppen den Ritt. Die Bösen haben sich zu einer Wand gestapelt, die Pferde befinden sich auf vielen Etagen."

„So hoch können wir nicht springen,", sagt Grauweiß, „selbst ich nicht. Aber sie haben einen Fehler gemacht. Unter der Wand ist Luft zum Boden."

„Tatsächlich, sie haben den Bau in der Luft begonnen."

„Meine Freunde, auf geht's", wiehert mein Pferd.

Grauweiß galoppiert los und rast auf die Lücke zwischen Erde und Wand zu. Die Bösen gucken etwas blöd, aber bis sie merken, welchen Fehler sie gemacht haben, sind wir schon unter sie durch und jagen davon. Sie drehen um und folgen uns, aber unsere Pferde sind schneller. Wir passieren den Vorhang, sie prallen dagegen und fallen aus den Sätteln. Sie können mir nicht in meine Welt folgen.

„Haben wir ein Glück gehabt. Die sind ja noch dümmer als ich dachte." Wir lachen.

„Gut, dass ihr bei mir wart, meine Freunde," bedanke ich mich, „allein hätte ich das nicht durchgestanden."

„Doch, das hättet du, aber wir denken auch, dass unsere Anwesenheit gut war, denn wir geben dir Stärke."

„Ihr gebt mir Stärke und Vertrauen. Ich weiß, dass ich bei euch in guten Händen bin."

Wir sind auf der Wiese gelandet. Ich steige von Grauweiß und streichele ihn.

„Das war ein angenehmer Ritt und das eben war genial. Ihr seid die Größten, die besten Pferde der Anderswelt und ich habe die besten Freunde der Anderswelt. Ich danke euch für eure Begleitung."

„Es war uns wie immer ein Vergnügen. Tschüss, liebe Freundin."

Ich winke ihnen nach, als sie davonreiten. Ich sehe in den Teich, bewundere die Blumen und komme zurück …

Hyperborea und die
Trennung der Rassen

Auf meinem Weg zum Startplatz habe ich gehört, wie sich die Feinde darüber streiten, wer von ihnen mich fängt. Jetzt sehe ich den Platz vor mir. An seinem Rand steht einsam ein Baum, rundherum ist alles kahl. Der Baum steht auf der gegenüberliegenden Seite des Platzes, ich müsste ihn überqueren, um zu dem Baum zu gelangen, aber ich darf es nicht. Wie komme ich zu dem Baum? Ich weiß nicht, wie weit das Böse sich ausgebreitet hat, ob es nur in der kreisrunden Mitte ist. Ich weiß auch nicht …

„Warte", höre ich, „gehe nicht zu dem Baum. Er ist eine Falle." Sternchen ist bei mir, sie sitzt auf meiner Schulter.

„Du hast doch gehört, dass die Bösen sich streiten", sagt Sternchen, „der Baum soll dir suggerieren, dass du nach oben steigen musst, aber sie werden dich oben erwarten und du hast keine Chance zu entkommen, ohne dir die Knochen zu brechen."

Ich höre die Feinde fluchen. Sie haben nicht damit gerechnet, dass ich gewarnt werde oder skeptisch bin. Noch sind sie machtlos, denn ich bin in meiner Welt. Ich muss erst in der Zwischenwelt oder Anderswelt sein, damit sie eine echte Chance haben, aber in meiner Welt können sie mir so offensichtlich nichts anhaben.

„Richtig, Renate, nicht so offensichtlich, aber sie versuchen, dich zu schwächen."

„Ich weiß, aber ich gebe mir Mühe, es abzuwehren."

„Manchmal schaffst du es nicht."

„Das ist bedauerlich", bestätige ich. „Was machen wir jetzt?"

„Wir warten auf dein Taxi in die Anderswelt."

„Das ist schön gesagt."

Da kommt schon das Taxi. Es ist ein mannshoher Orb. [15]

„Lasse uns einsteigen", fordert Sternchen mich auf.

Ich durchdringe zusammen mit Sternchen die Hülle des Orbs, die aus Energie besteht. Er hebt ab. Innen befinden sich keine Sitzgelegenheiten, wir müssen stehen. Ich schiebe den Kopf durch die Hülle und schaue hinaus.

„Lasse das lieber", warnt mein Schutzengel.

„Aber das war witzig." Ich ziehe meinen Kopf wieder ein, wer weiß, wo wir hinfliegen.

Der Orb fliegt schnell, durch seine Energiehülle kann ich nur wenig von der Außenwelt sehen. Es ist ein angenehmes Gefühl innerhalb des Orbs. Öfter mal was Neues.

Sternchen lacht: „Wir lassen uns immer wieder etwas für dich einfallen."

Ich habe das Gefühl, dass wir die Erde wieder in Energiebahnen wickeln, jetzt scheint der Orb abzubremsen, wir sind in der Anderswelt, ich habe es gespürt. Mit einem leichten Hopser landet er und wir steigen aus.

„Danke Orb, für die Taxifahrt", verabschiede ich mich.

Er wackelt ein wenig und weg ist er. Sternchen und ich stehen in einer wunderschönen Landschaft. Ich sehe Fjorde, Berge, Wiesen, grasende Tiere, Wälder. Die Gegend ist so, wie ich mir Norwegen vorstelle.

Kleine Wesen kommen und verneigen sich vor uns. „Wir sind hier, um euch zu den Gastgebern zu bringen."

„Das ist lieb, aber wir müssen noch auf meine Freunde warten", antworte ich.

„Sie sind bereits dort."

„Das glaube ich nicht. Ich möchte auf meine Freunde warten, bevor ich mit euch gehe."

„Du brauchst keine Angst zu haben, wir führen dich zu deinen Gastgebern", wiederholen die Wesen.

„Ich möchte auf meine Freunde warten", betone ich.

„Sie sind bereits da, du hast es doch gehört", antworten die keinen Wesen genervt.

„Ich glaube es in diesem Moment nicht."

Sie knurren böse und weg sind sie.

„Das hast du gut gemacht, Renate, und ganz ohne meinen Rat. Woher wusstest du, dass sie nicht echt sind?", fragt Sternchen.

„Ich hatte es im Gefühl."

Jetzt kommen meine Freunde, es sind wieder alle da.

„Wie schön, ich habe euch lange nicht gesehen. Wo geht es hin in dieser wunderschönen Landschaft?"

„Wir wissen es nicht, wir warten wie du auf die Abholer."

„Hier sind sie schon!" Zwei schöne Menschen stehen vor uns, groß, blond, ländlich in eine attraktive Tracht gekleidet. Sie haben Holzschuhe an den Füßen, er trägt schwarze Hosen, ein rotes Oberteil mit Bordüren und einen hohen roten Hut ohne Krempe. Sie trägt einen langen roten Rock, dazu schwarze Schuhe, eine weiße Bluse und eine rotes Bolero-Jäckchen. Ihr Hut ist wie der des Mannes etwas höher, aber weiß.

„Wir sollen euch abholen", sagen die beiden.

„„Sternchen, das ist in Ordnung, nicht wahr?", frage ich.

„Ja, meine Liebe, das ist in Ordnung", antwortet sie.

Wir folgen dem Paar, überqueren eine Wiese und kommen an einen Fjord. Rechts und links erheben sich bewaldete Berge. Es ist eine wunderschöne Landschaft, ich höre einen plätschernden Wasserfall

„Du hattest doch Sehnsucht nach Wasser", wissen meine Führer.

„Ja, das hatte ich", bestätige ich.

„Dann bist du heute genau richtig."

Sie führen uns entlang des Fjordes. Der Weg macht den Eindruck, als sei er extra für uns geschaffen worden.

„Dein Eindruck trügt nicht. Du kannst nicht über Wasser gehen und deshalb haben wir den Weg geschaffen."

„Könnt ihr über Wasser gehen?", frage ich erstaunt.

„Wir sind doch in der Anderswelt und haben Fähigkeiten, die du als Mensch nicht hast."

Wir erreichen eine kleine Bucht. An ihrem Ufer steht eine Hütte aus Holz, Schilf und allem, was hier wächst. Vor der Hütte lodert ein Feuer, Kinder laufen herum, sie sind komischerweise dunkelhäutig. Ich sehe auch … Eigentlich sehe ich alle

Farben der Menschen – nicht nur dunkelhäutig, sondern auch das, was man rot nennt, gelb, braun oder weiß. Am Feuer sind alle Hautfarben vertreten.

„So war es in Urzeiten. Damals gab es noch nicht die Trennung der Völker, alle waren eins. Jeder Mensch hatte die Farbe, die seiner spirituellen Entwicklung entsprach. Erst sehr viel später haben sich die Völker getrennt und die zu ihnen passenden Kontinente besiedelt."

„Warum?"

„Sie haben sich nicht mehr verstanden. Jeder hat sich einen Kontinent gesucht, der seiner Farbe entsprach. Die dunklen Menschen sind nach Afrika gegangen, die gelben nach Asien, die roten nach Amerika und die weißen nach Europa."

„Und nach Australien?"

„Nach Australien sind auch die dunklen Menschen gegangen."

„Und die Pole?"

„Dort sind die weißen Erdbewohner hingegangen, die ganz weißen, nicht die hellhäutigen. Es gab damals noch eine Rasse, die ausgestorben ist."

„Lebt sie nicht in der Erde?"

„Du hast es schon einmal gehört, in der Erde ist Leben auf Dauer nicht möglich. Sie waren so hellhäutig, weil sie in der Erde gelebt haben und deshalb sind sie ausgestorben."

„Wo sind wir hier, wie heißt dieses Land?"

„Das Land heißt Hyperborea."

„Ich habe von Hyperborea gehört. Die Griechen haben davon erzählt. Es soll im Norden liegen, sagen sie."

„Zur Zeit der Griechen war Hyperborea nicht mehr das, was es in diesem Moment ist. Es hatte sich weiterentwickelt. Hyperborea ist eines der ältesten Länder der Erde, fast so alt wie Gondwana, älter als Lemuria. Zu Zeiten von Lemuria hatten sich die Rassen schon getrennt. Auf Gondwana waren noch alle eins wie zu dieser Zeit in Hyperborea."

„Lag Hyperborea in Skandinavien?"

„**Du siehst es an der Landschaft. Hyperborea lag in Norwegen an einem der Fjorde, da wo wir jetzt sind.**"

„War es ein so kleines Land?"

„**Es war ein großes Land. Die Menschen verteilten sich über das, was heute Norwegen ist. Aber als die Farben sich trennten, sind nur wenige Menschen hiergeblieben. Die Weißen sind geblieben – sie waren so weiß wie wir und auch so blond. Sie haben sich weiterentwickelt und hatten viele Jahrtausende später auch Kontakt zu den Griechen. Das Volk von Hyperborea war immer spirituell, es ist nicht dem Wahn des Profits und der Macht verfallen.**"

„Dennoch ist es ausgestorben."

„**Nicht dennoch, sondern deshalb. Wir wurden von den Wikingern und anderen Völkern überrannt und konnten uns nicht wehren, weil wir nicht damit gerechnet hatten. Wir hatten keine Waffen. Wir wurden ausgelöscht, weil wir ein friedliches Volk waren. Zur Zeit der Griechen gab es uns noch, aber dann begann der Raubzug der Wikinger und anderer brutaler Völker und das haben wir nicht überlebt. Sie haben unser Land und alles, was uns gehörte, zerstört. Es gibt nur für Sehende noch Relikte aus unserer Zeit. Wir waren den Wikingern ein Dorn im Auge, weil wir friedlich waren und uns ihnen nicht anschließen wollten. Sie haben alles von unserer Kultur zerstört, sowie der IS alles von der alten Kultur im Nahen Osten zerstören möchte. Kulturschänder nennen wir sie.**"

„Warum berichtest du mir von Hyperborea?"

„**Weil du an Prähistorie interessiert bist und die Menschen zudem wissen müssen, dass sie nicht das erste Kulturvolk auf diesem Planeten sind, sondern dass es schon viele vor ihnen gab und viele, die besser gelebt haben, als die Menschen heute. Wir brauchten keine Computer, kein Fernsehen, keine Autos und Flieger, aber wir waren glücklich. Wir haben mit den Göttern gelebt und mit den Naturwesen. Wir haben getanzt, gesungen, wir haben Fische** gefangen, unser Essen angebaut, manchmal haben wir gejagt."

„Ihr habt Fleisch gegessen?"

„Nicht häufig. Wir haben uns die Tiere nutzbar gemacht, wir hatten Milch und Eier. Wir haben vorwiegend Pflanzen gegessen, aber auch manchmal Tiere, besonders zum Winter hin, weil wir das Eiweiß brauchten und sich Fleisch besser konservieren lässt als Früchte. Wir lebten in einem sehr kalten Land."

„Das stimmt. Wart ihr zwei die Herrscher von Hyperborea?"

„Wir waren nicht die Herrscher, sondern die Vertreter des Göttlichen, ich möchte nicht sagen ‚Priester'. Wir waren die Sprachrohre des Göttlichen, so wie du das Sprachrohr von Padre und Madre Universalis bist. Wir hatten Kontakt zum Göttlichen und das Göttliche hatte Kontakt zu uns. Wir haben die Menschen von Hyperborea angewiesen zu tun, was die Götter von ihnen möchten. Es war immer zum Guten."

„Aber ihr konntet nicht verhindern, dass das Volk ausgelöscht wurde."

„Die Götter haben gesagt, sie möchten nicht, dass ihr Volk Waffen baut und sich wehrt. Wir sollten ein Mahnmal für den Frieden werden, nur – das Volk wurde vollkommen ausgelöscht, sodass es nicht zum Mahnmal werden konnte. Es gibt noch ein paar Artefakte und es wäre schön, wenn du sie finden würdest oder jemand in deinem Auftrag, wenn du davon berichtest."

„An was für einem Fjord sind wir hier?"

„Es ist der Geiranger Fjord und an seinen Ufern sind noch Artefakte. Jemand muss ganz bewusst suchen."

„Sind es Metalle, sind es Steine?"

„Ich weiß, dass Metalle am einfachsten zu finden sind, aber wir hatten keine Metalle in Hyperborea. Wir hatten Steine und Keramik. Wir hatten keine Technik, weil wir auch ohne glücklich waren. Wir haben mit den Naturwesen und den Göttern gefeiert. Wir hatten wunderschöne

Häuser, sie waren aus Naturmaterialien wie die Hütte hier. Sie waren geschmückt mit Fähnchen aus Papier."

„Wie habt ihr Papier hergestellt?"

„Wir haben Steine als Walzen benutzt, es war alles Natur. Wir haben in einer rein natürlichen Umgebung gelebt."

„Wie habt ihr gefischt?"

„Wir haben die Fische mit spitzen Speeren aus Holz aufgespießt. Man braucht kein Metall, um zu überleben. Wir brauchten es nicht. Wir haben Gold und Silber gefunden und daraus Schmuck gemacht, weil er uns gefallen hat – nicht, weil er wertvoll war. Gold und Silber sind schön und lassen sich im Feuer leicht biegen."

„Hattet ihr dafür einen Amboss?"

„Unser Amboss waren die Baumstümpfe und unser Hammer das Holz."

„Ihr hattet also doch Metall."

„Wir hatten Silber und Gold, aber das haben die Wikinger mitgenommen. Ich bin dennoch sicher, dass sich hier das eine oder andere Schmuckstück finden lässt, das übersehen wurde. Vielleicht ist es das, was ihr finden werdet im Gedenken an Hyperborea."

„Hyperborea soll euch sagen, dass man ohne jeden Luxus, ohne jede Technik glücklich sein kann. Man muss nur Essen und Kleidung haben, dann kann das Leben so schön sein – auch ohne Arbeit. Natürlich muss man für das Essen arbeiten, aber man muss nicht für Geld arbeiten. Wenn jeder sein Gemüse anbaut, ist es eine Freude und mehr braucht er nicht. Arbeit macht nicht zufrieden. Schaue dir die Menschen an, sie werden immer kranker von ihrer Arbeit. Arbeit ist Sklaverei. Die Reichen der Erde versklaven alle Arbeitnehmer, nur damit sie reicher werden und die Arbeitnehmer kranker und dümmer. Arbeit verdummt die Menschen. Ihr braucht so vieles nicht, was ihr habt, um glücklich zu sein."

„Ich will jetzt nicht sagen, geht zurück zu den Wurzeln, lebt wie wir, aber überdenkt, ob ihr wirklich alles haben müsst oder ob ihr nicht zurückschrauben könnt. Man muss nicht immer und überall erreichbar sein, man hat ja keine Privatsphäre mehr. Findet wieder zu euch, werdet spiritueller. Geht zurück in die Natur, pflanzt Wälder an. Wald ist gut für die Menschheit und für den Einzelnen. Die Natur gibt euch mehr als jeder Fernseher, Computer oder jedes I-Phone."

„Um glücklich zu sein, bedarf es wenig: Essen, Kleidung, Liebe, Freude, Tanz, Gesang. Das möchte ich euch heute mitgeben: Überdenkt euer Leben, überdenkt, ob es wirklich das Ziel eines ganzen Lebens sein kann, zu arbeiten, damit andere reicher werden und das bisschen Luxus zu genießen, das man euch gewährt. Es ist wie Panem et Circensis bei den alten Römern, Brot und Spiele – und gleichzeitig Versklavung. Die Menschheit ist fast komplett versklavt und merkt es nicht."

„Habt ihr Namen?"

„Wir heißen Börrie und Doro."

„Börrie und Doro. Die Sprachrohre der Götter von Hyperporea. Wer waren die Götter?"

„Zu Beginn hat man zu Jamilina und Jamilo [16] gebetet, doch später, als die Völker sich trennten, kamen andere Götter, die einfacher zu bedienen waren. Thor und Odin waren es nicht. Die Natur war uns wichtig, Mutter Erde. Wir haben immer zu Mutter Erde gebetet, wir haben zu Allvater gebetet und den Göttern des Universums. Wir hatten Wissen, obwohl wir keine Technik hatten. Wir hatten sehr viel Wissen dadurch, dass die Götter uns gelehrt haben. Wir brauchten es nicht aufzuschreiben, denn die Götter haben jede Generation gelehrt und wir – das Sprachrohr – haben viele Generationen überlebt, wir sind sehr alt geworden. Bevor wir gegangen sind, haben wir neue Sprachrohre ausgebildet und auch sie sind sehr alt geworden. Sie werden als Sprachrohre geboren und wir haben sie gelehrt, es richtig zu machen. Auch du wurdest als Sprachrohr geboren und man hat dich gelehrt, es richtig zu machen. Und damit entlasse ich dich."

„Du hast viel Wegweisendes gehört. Denkt nach über ‚ich muss haben, ich will haben, Luxus gehört zum Leben‘. Es muss nicht sein. Die ganze Gesellschaft muss zurückschrauben, aber solange die Erde derart überbevölkert ist, wird es nicht gehen, dass jeder sein kleines Stück Land bekommt, um glücklich zu sein. Ein kleines Stück Land ist Voraussetzung für Glück und Zufriedenheit, denn ihr müsst eure Nahrung anbauen können, ein paar Tiere halten. Das geht nicht, solange die Erde unter der Menschheit erstickt. Auch das müsst ihr bedenken. Ich hoffe, der Besuch hat dir gefallen.“

„Er war wunderschön. Allein diese Gegend zu sehen ist herrlich. Ich würde gern einmal dorthin reisen.“

„Du wirst es. Wenn der Zeitpunkt gekommen ist, wirst du es merken, dann wirst du auf ein Schiff steigen und zu uns kommen, wir werden auf dich warten.“

„Werde ich euch sehen?“

„Ja, du wirst uns sehen und jetzt sagen wir auf Wiedersehen. Wir verabschieden dich und deine wunderbaren Freunde.“

„Wir finden den Weg allein?“

„Ihr braucht den Weg nicht zu finden.“

Ein Schiff kommt. „Steigt ein, es bringt euch zurück.“

Wir winken einander zu, das Schiff setzt die Segel und wir reisen los. Es geht wieder hoch in die Lüfte. Das Schiff löst die Energiebänder auf und an einer Wolke hält es an.

„Meine Freunde, ich denke, ihr sollt mich verlassen.“

„Das glauben wir auch. Wir würden dich ja gern weiter begleiten“, sagen El Morya und Merlin, „aber diese Aufforderung ist eindeutig. Es war schön, mit dir zu reisen und das alles zu hören. Es war wieder sehr viel Neus für uns.“

„Für mich auch, das könnt ihr glauben und ich hoffe, dass ich demnächst wiederkomme. Jetzt verabschiede ich mich von euch, meine Freunde, ich habe mich sehr gefreut, euch zu sehen.“

Sie steigen aus, das Schiff legt ab und saust zurück zur Erde, ich sehe schon den Startplatz mit dem einsamen Baum. Das Schiff landet daneben, ich steige aus, winke dem Schiff und komme zurück …

Beim Weihnachtsmann am Nordpol

Ich habe das Gefühl, dass sich viele freuen, weil ich wieder einmal reise. Sie klatschen und jubeln. Eine Hummel ist da. Beim letzten Mal war die Hummel keine Gute.

„Du brauchst keine Angst zu haben", sagt sie, „ich bin eine Gute."

„Bist du es wirklich?", möchte ich wissen.

„Ja!"

„Bist du wirklich eine Gute?"

„Ja!"

„Bist du wirklich eine Gute?"

„Ja!"

Sie hat drei Mal mit „Ja" geantwortet, dann kann sie nicht böse sein. Ich frage zur Sicherheit noch ein viertes Mal: „Bist du eine Gute?"

„Ja, ich habe es dir gesagt", antwortet sie leicht genervt.

„Okay, wirst du mich heute begleiten?"

„Nein, ich soll dir die Zeit vertreiben, bis dein Transportmittel kommt."

„Weißt du, wo es hingeht?"

„Wenn ich es wüsste, würde ich es dir nicht verraten. Das ist eine Überraschung und soll es auch bleiben."

„Ach, Hummel …"

„Du kannst mich nicht überreden, dir dein Ziel zu nennen. Komme, wir singen ein Lied."

Die Hummel fängt an: „Summ, summ, summ, Bienchen summ herum …"

„Du bist aber eine Hummel", kommentiere ich lächelnd.

„Wir sind verwandt und es gibt kein Hummellied, das ich kenne."

„Ich auch nicht. Schade, denn ich mag euch plüschigen Brummer."

„Du wolltest dicke Brummer sagen, kannst du ruhig. Im Gegensatz zu den Bienen und Wespen sehen wir rund aus, aber das ist wie bei deinem Joschi. Wir sind nicht so rund wie wir aussehen, aber wir sind sehr behaart."

„Das stimmt, ich finde euch wunderschön und freue mich darauf, euch im Frühling wieder fliegen zu sehen."

„Wenn es uns dann noch auf eurer Erde gibt."

„Das hoffe ich von Herzen. Mache mich nicht traurig. Wenn es keine Hummeln mehr gibt, ist die Menschheit verloren."

„Du hast recht, aber das ist heute nicht das Thema und ich soll dich aufmuntern und nicht traurig machen. Tut mir leid."

„Ist schon gut, Hummel."

„Hörst du das Geräusch? Es klingt wie Schlittengeläut und Kufen, die durch die Luft sausen."

„Ich höre das auch."

„Da kommt dein Transportmittel", ruft die Hummel.

„Es ist Santa, der Weihnachtsmann. Er hat mich schon einmal abgeholt", freue ich mich.

„Du erinnerst dich richtig. Er holt dich auch heute ab."

Mit tiefer Stimme begrüßt mich Santa: **„Ho, ho, ho, kleines Fräulein, ich freue mich sehr darauf, dich wieder einmal zu kutschieren. Rudolph hat schon gebremst, du kannst einsteigen."**

„Hallo, Weihnachtsmann. Ich freue mich, dich zu sehen, aber hast du nicht gerade jetzt viel zu tun?"

„Das ist schon alles erledigt, gestern in Europa, wo man Heiligabend feiert, und heute im Rest der Welt. Es gibt ja viele Länder, die Weihnachten am 25. begehen, dort musste ich die Geschenke in der Nacht verteilen, aber in Europa kann ich sie schon am Nachmittag bringen. Das ist in Ordnung, so kann ich mir die Zeit einteilen."

„Weihnachtsmann, womit hast du die Menschen in diesem Jahr beschenkt?"

„Liebe, Nächstenliebe, Barmherzigkeit, Verstand – vor allen Dingen für die Politiker –, Liebe zur Erde, Vertrauen.

Vor allem Liebe zur Erde. Aber du weißt ja, ich schütte die Gaben nur aus, ob sie in den Herzen Einzug halten, steht nicht in meiner Macht."

„Ich weiß, die Herzen sind hart geworden."

„So ist es, da zieht nicht mehr viel Gutes ein. Aber wir geben nicht auf, du nicht und ich nicht. Jetzt steige ein."

Der Schlitten des Weihnachtsmannes wird von Rentieren gezogen, wie es viele Lieder besingen.

„Ich habe es den Liedern nachempfunden. Wer sich das ausgedacht hat, fand das wohl schön. Ich finde es auch schön mit dem Schlitten und den Rentieren. Holla, hopsa."

Die Rentiere haben das als Aufforderung verstanden loszulaufen. Es hört sich an, als ob wir über Schnee gleiten, die Schlittenglocken klingeln und ab geht es in den blauen Himmel.

Der Himmel wird dunkel und Sterne leuchten. Wir sausen im Rentierschlitten unter dem Firmament dahin. Wir umkreisen die Erde und legen Energiebahnen. Die Erde bekommt wieder positive Energie, während ich reise.

„Du solltest häufiger reisen, damit wir der Erde öfter positive Energie geben können. Das ist an deine Anwesenheit gebunden, wir können es sonst nicht."

„Warum nicht?"

„Das ist ein Gesetz. Ohne dich geht es nicht."

„Okay, und es tut der Erde gut, wenn ihr die Energiebänder legt?"

„Das tut der Erde und der Menschheit sehr gut. Also reise öfter, damit wir diese Energiebänder legen können."

„Wo geht es heute hin?"

„Wird nicht verraten."

Vergnügt ein Liedchen trällernd sitzt der Weihnachtsmann auf dem Kutschbock. Die Säcke hinter uns sind leer, er muss sie erst wieder füllen.

„Steht dein Haus am Nordpol, Herr Weihnachtsmann?", möchte ich wissen.

„Auch das haben wir gebaut, wie es die Geschichten erzählen, und es sind Weihnachtswichtel dort, die die Säcke füllen mit all dem, was die Menschen sich an Nicht-Materiellem wünschen. Du weißt ja, die materiellen Güter bringe ich nicht, die kauft ihr ja selbst."

„Aber es gibt Kinder oder Eltern, die kein Geld haben."

„Trotzdem, die materiellen Güter bringe ich nicht. Das habe ich noch nie gemacht, das wird nur erzählt."

„Bist du ein Helfer von Mutter Erde?"

„Wenn du so willst, ja, denn ich verteile all das, was ihr guttäte, wenn die Menschen es annehmen würden. Liebe, Nächstenliebe, Liebe zur Erde und zur Krume. Es wäre gut, wenn die Menschen die Krume lieben und nicht mehr so viel Gift und Gülle spritzen und die Erde damit vergiften würden. Es wäre gut, wenn es keine gentechnisch veränderten Pflanzen gäbe, weil sie die Natur durcheinanderbringen. Alle diese guten Wünsche verteile ich über die Erde, insofern bin ich Mutter Erdens Helfer."

„Der Weihnachtsmann als Naturwesen?"

„Ich bin kein Naturwesen, ich bin auch kein Lichtwesen und kein Energiewesen. Ich bin die Materialisation von Gedanken. Die Menschen haben sich Vorstellungen von Santa Claus gemacht, vom Weihnachtsmann, diese Vorstellungen haben sich materialisiert und ich bin entstanden. Die Anderswelt hat mich aufgenommen, wie sie jeden aufnimmt, der sich materialisiert. Auch die Bösen können sich materialisieren, aber sie kommen in eine andere Welt, nicht in diese, die du besuchst. Wir möchten nicht, dass du in das Land der Bösen reist."

„Also, ich bin die Materialisation der Gedanken und Wünsche und da ich materialisiert bin, bin ich unvergänglich. Selbst wenn die Menschen nicht mehr an den Weihnachtsmann glauben, wird es mich weiterhin geben. Ich werde einmal im Jahr die guten Gaben über die Erde verteilen, wie ich es an diesem Weihnachten gemacht habe."

„Wenn viele Menschen etwas glauben, materialisiert sich dieser Glaube?"

„So ist es, in der Anderswelt materialisiert sich dieser Glaube."

„Aber nicht auf der Erde?"

„Die Macht haben die Menschen nicht. Selbst wenn alle für Frieden beten, wird es keinen Frieden geben, aber in der Anderswelt wird es eine Friedens-Materialisation geben und die wird versuchen, das Gebet umzusetzen. Aber auch sie hat Schwierigkeiten, die Herzen der Menschen zu erreichen."

„Ich verstehe. Auf der Erde können wir nur durch Gedanken nicht wirklich etwas verändern, aber wir schaffen etwas in der Anderswelt, was uns dabei hilft, etwas zu verändern."

„Genauso ist es. Die guten Materialisationen sind in der Anderswelt und die schlechten sind in der bösen Welt, aber das ist jetzt nicht das Thema."

„Bist du heute mein Gastgeber?"

„Ja. Du hattest eine schwere Zeit und wir wollten dich nicht überfordern. Wir reisen jetzt zum Nordpol."

So weit das Auge reicht, erstreckt sich vor uns eine Fläche aus Eis und Schnee, mittendrin steht ein Schloss aus Eis.

„Ist dir das hier nicht zu kalt, lieber Weihnachtsmann?"

„Ist dir kalt?"

„Nein."

„Na siehst du, mir auch nicht. Wir haben hier eine Illusion geschaffen, die widerspiegelt, wie die Kinder und Menschen auf der Erde sich das Heim des Weihnachtsmanns vorstellen. Es ist nicht kalt hier, sondern sehr angenehm und da sind auch die Wichtel, wie du siehst."

„Und die Elfen?"

„Uns helfen auch Elfen, weil die Kinder das wünschen, aber normalerweise ist es nicht Aufgabe der Elfen. Elfen sind für die Natur da und nicht für den Weihnachtsmann, doch in diesem Fall hat die Königin ein paar für mich abgestellt."

„Weihnachtselfen und Weihnachtswichtel – wie schön. Ich hätte nicht gedacht, dass es sie wirklich gibt, ich dachte, das ist nur Phantasie. Ist der Aufseher ein Elf?"

„Wir haben einen Elf als Aufseher, er ist mein dickster Freund."

„Hat er auch einen Namen?"

„Wir wollen heute nicht von Namen reden."

„Viele sagen, es gibt eine Frau Weihnachtsmann, ist das richtig?"

„Du weißt, dass es in der Anderswelt immer beides gibt, das Weibliche und das Männliche. Es gibt eine Frau Weihnachtsmann. Sie passt im Moment auf, dass die Säcke wieder geordnet werden, die ich ausgeschüttet habe. Sie ist eine sehr fleißige Frau, aber nach Weihnachten machen wir erst einmal Urlaub – wir, die Wichtel und Elfen."

„Wie lange macht ihr Urlaub?"

„Ein gutes halbes Jahr."

„Wo reist ihr hin?"

„Wir bereisen die Anderswelt und eure Welt."

„Auch unsere Welt?"

„Wir sind für die meisten Menschen unsichtbar und können reisen, wohin wir wollen. Wir fallen ja nicht auf."

„Wenn du im Urlaub unsere Welt bereist, versuchst du dann, die Herzen der Menschen zu berühren?"

„Wo ich hinkomme, versuche ich es, aber es ist schwierig, die Herzen zu berühren, Maria hat es dir schon gesagt. Aber hin und wieder schaffen wir es und manchmal, wenn ich eines berührt habe, kann ich mich materialisieren und der Mensch hat eine Vision."

„Die Vision vom Weihnachtsmann?"

„Nein, dann bin ich ein Engel."

„Der Engel der Weihnacht?"

„Die Engel der Weihnacht sind etwas anderes, du hast sie besucht. Ich bin dann ein anderer Engel. Der Mensch glaubt, er hat einen Engel gesehen und das ist schön für ihn."

„Ich kann mir vorstellen, dass diese Menschen sich positiv verändern."

„So ist es und sie verstehen auf einmal vieles besser."

„Könntest du nicht einigen Politikern erscheinen, einigen
Wirtschaftsbossen, Monsanto, Trump, Orban und wie sie alle
heißen und diesen ganzen Neonazis?"

**„Ich würde es gern, aber ich erreiche ihre Herzen nicht
und das von Mr. Trump schon gar nicht. Ich habe es versucht. Sein Kopf ist wirr, der ist nicht mehr klar bei Sin-
nen. Es wird Zeit, dass er abgesetzt wird, aber das steht
nicht in unserer Macht, das müssen die Amerikaner regeln."**

**„Ich wollte dir die Weihnachtswelt zeigen, die so an-
ders ist und dennoch so, wie ihr sie euch vorstellt. Hier
werden keine Spielzeuge hergestellt. Hier wird nur mit
Liebe gearbeitet und mit guten Wünschen. Sie werden
zielgerichtet verpackt, die Elfen und Wichtel können das,
denn sie haben feinstoffliche Energien und die braucht
man, um all das zu schaffen, was wir bewerkstelligen
müssen. Nach der Sommersonnenwende sind wir aus dem
Urlaub zurück und beginnen mit den Vorbereitungen."**

„Wo verbringst du die Sommersonnenwende?"

**„Normalerweise in Stonehenge. Dort haben wir beide
uns vor langer Zeit einmal kennengelernt, aber du hast es
vergessen, denn du bist wieder ein Mensch."**

„Jetzt hast du mich sprachlos gemacht."

Der Weihnachtsmann lacht. "Das wollte ich nicht, entschuldige. Aber als Mensch vergisst du vieles. Du warst
damals Priesterin, wie du so oft Priesterin warst in deinen
menschlichen Leben. Ich war damals ein Pilger."

„Kannst du als Mensch geboren werden?"

**„Jein, ich bin der Weihnachtsmann und muss jedes
Jahr meine Arbeit verrichten, aber in der Zeit dazwischen
kann ich mich hin und wieder materialisieren. Ich er-
scheine, bleibe eine Zeit in dieser Form und dann bin ich
wieder weg."**

„Kann man dich in diesem Moment als Zeitreisenden bezeichnen?"

„Ich kann durch die Zeit reisen."

„Bist du das, der die Artefakte liegenlässt, die heute gefunden werden?"

Der Weihnachtsmann lacht. **„Ich gebe zu, ich habe in der Zukunft mal ein Spielzeug mitgenommen und in der Vergangenheit vergessen und jetzt behaupten natürlich einige Grenzwissenschaftler, dass es Zeitreisen gibt, aber Zeitreisen gibt es nicht auf eurer Erde. Zeitreisen gibt es in der Anderswelt, aber ihr könnt die Zeit nicht durchreisen."**

„Warum kannst du das in der Anderswelt?"

„Weil die Anderswelt anders ist als die Erde. Sie ist feinstofflich und der Fluss der Zeit ist hier anders, es gibt keine Zeit."

„Also war das gar nicht aus der Zukunft, sondern aus irgendetwas Parallelem?"

„Genau, es war aus etwas Parallelem. Es gibt zudem andere Universen, auch die kann ich bereisen und von dort kann ich etwas mitnehmen und hier vergessen. Dann wird es irgendwann gefunden."

„War das Absicht?"

„Das war keine Absicht, das war tüdelig. Ich bin nicht mehr der Jüngste", lacht er.

„Aber du bist noch gar nicht alt, du bist doch erst im 19. Jahrhundert entstanden."

„Auch davor haben die Kinder an jemanden geglaubt, der die Geschenke bringt. Damals gab es mich schon, ich habe mich nur mit dem Glauben der Menschen gewandelt. Alle Materialisierten wandeln sich mit dem Glauben der Menschen. Wenn die Menschen aufhören zu glauben, sterben wir nicht, sondern bleiben, was und wie wir zuletzt waren."

„Ich verstehe. Wenn die Menschen einen neuen Gott erschaffen, ist der auch ein Materialisierter oder ein Gott?"

„Wenn die Menschen einen Gott erschaffen, ist er ein Gott. Das ist etwas anderes als der Weihnachtsmann. Aber du hast viele Fragen gestellt und ich habe viele Antworten gegeben, wir sollten jetzt Schluss machen."

„Bitte, schreibe auch von mir in deinem Buch, von Frau Weihnachtsmann, den Elfen und Wichteln und davon, dass wir das Gute über die Erde ausschütten. Die Menschen sollen Heiligabend ihre Herzen öffnen, damit unsere Gaben hineinfließen können. Sie sollen nicht nur an materielle Geschenke und gutes Essen denken, sondern ihr Herz öffnen für das Spirituelle und Gute, das wir verteilen. Damit habe ich gesagt, was ich sagen wollte."

„Weihnachtsmann, du hast mich sehr überrascht. Es war mir eine Freude, dich zu sehen."

„Das freut mich. Ich bringe dich zurück."

„Ich habe heute meine Freunde nicht gesehen."

„Sie wollten nicht mit. Sie wollen dich wohl ein bisschen bestrafen. Wenn du das nächste Mal kommst, sind sie aber wieder dabei, das haben sie versprochen."

„Ich habe sie verärgert, das tut mir leid."

„Nein, du hast sie nicht verärgert."

„Sonst würden sie mich nicht bestrafen wollen." Mir kommen die Tränen.

„Das ist eine gewisse Logik. Nicht weinen, liebes Kind."

„Mir kommen aber die Tränen."

„Renate, das wollten wir nicht." Meine Freunde sind da. „Wir wollten nicht, dass du in Tränen ausbrichst, wir wollten nur zeigen, dass es uns nicht gefallen hast, dass du so lange nicht gereist bist." Wir umarmen uns.

„Das ist nur ein kurzes Wiedersehen, weil Santa mich gleich zurückbringt", bedauere ich, „aber schön, dass ihr doch noch gekommen seid. Wenn ich das nächste Mal reise, seid ihr wieder dabei?"

„Dann sind wir dabei. Jetzt komme gut nach Hause."

„Danke, meine Freunde, dass ich euch noch sehen durfte und danke, Weihnachtsmann, für deine Erläuterungen."

Meine Freunde sind weg, der Schlitten ist da. Wir steigen ein und zurück geht es in rasend schneller Fahrt. Wir nehmen die Energiebänder auf und schon landen wir auf dem Platz, von dem ich abgeholt wurde. Die Hummel ist noch da.

„Lieber Weihnachtsmann, ich danke dir. Du hast mir vieles erzählt, was neu für mich war."

„Es war mir ein Vergnügen, gnädige Frau. Mach's gut."

Der Schlitten hebt ab und weg ist er.

„Liebe Hummel, das ist lieb, dass du mich hier in Empfang nimmst. Ich verabschiede mich jetzt aber auch von dir."

„Komme gut nach Hause. Wir sehen uns", antwortet sie.

„Wir sehen uns, liebe Hummel. Tschüss." Und ich komme zurück in meine Welt ….

Kobolde – Helfer der Steine

„Wir wollen nicht, dass du heute kommst, du bist nicht will-kommen", höre ich auf einem Ohr. Auf dem anderen Ohr höre ich: „Das ist Quatsch."

Was ist denn nun?

„Komme, wir freuen uns auf dich", höre ich rechts.

„Bleibe zu Hause", höre ich links.

Schmetterlinge umflattern mich und einer setzt sich auf meine Schulter. „Bleibe zu Hause, wir wollen dich heute nicht, wir sind nicht darauf vorbereitet," sagt er.

Irgendwie habe ich das Gefühl, dass etwas nicht stimmt.

„Du bist immer willkommen", höre ich auf der rechten Sei-te. „Bleibe zu Hause", höre ich auf der linken.

„Schmetterling, lügst du mich an?", frage ich.

„Natürlich nicht!"

„Schmetterling, lügst du mich an?"

„Nein, natürlich nicht", antwortet er erneut.

„Schmetterling, lügst du mich an?"

„Ja, ich lüge dich an. Meine Güte, fallt ihr denn nie auf uns herein", fügt er weinerlich hinzu und löst sich auf. Die Geräu-sche zur Linken sind verstummt.

„Wir freuen uns auf dich", höre ich jetzt wieder. „Falle nicht auf die dunklen Kräfte herein. Das hast du gut gemacht und jetzt warte, bis du abgeholt wirst."

Ein kleines, würfelförmiges Paket liegt im Gras, es ist in weißes Papier gewickelt. Ich nehme es an mich, ich hatte lange kein Geschenk dabei. Mein Transportmittel kommt: Pferde und Kutsche. Die Pferde sind schwarz, nicht weiß wie gewohnt.

„Mache dir darüber keine Gedanken, es sind Pferde der gu-ten Kräfte", sagt die schon bekannte Stimme.

Die Pferde ähneln Friesen, sie strahlen Liebe aus, Zunei-gung und Vorfreude, mich gleich mitnehmen zu dürfen. Sie können nicht vom Bösen sein

Sternchen sitzt auf meiner rechten Schulter. „Alles ist in Ordnung", sagt sie, „steige ein, die Reise geht gleich los."

Die Kutsche ist aus Ebenholz, wunderschön gearbeitet und edel. Schon geht es los. Sternchen ist bei mir, das beruhigt mich. Die Pferde galoppieren rasend schnell und legen Energiebänder um die Erde. Es ist unglaublich, wie schnell wir den blauen Planeten umkreisen. Die Erde ist schon wieder eingewickelt, ich freue mich, dass sie positive Energie bekommt.

Die Pferde werden langsamer, sie durchstoßen die Energiebahnen und wir nähern uns der Erdoberfläche. Auf einer wunderschönen Wiese setzen wir auf, der Wagen rollt aus, Sternchen und ich steigen aus. Alle unsere Freunde sind schon da. Wir umarmen uns, wir haben uns lange nicht gesehen.

„Was passiert jetzt?", frage ich wissbegierig.

„Jetzt seid ihr unsere Gäste." Kleine Wesen kommen auf uns zu. Sie sehen aus wie eine Mischung aus Wichtel und Gnomen, klein und knollig, mit dunkler Haut und spitzen Mützen. Ich weiß nicht, wo ich hier bin.

„Du wolltest doch zu den Kobolden."

So habe ich sie mir nicht vorgestellt.

„Wir können unsere Gestalt wandeln, aber wie du uns beschrieben hast, sehen wir wirklich aus, wenn wir über die Erde wandeln: klein, knollig, mit spitzem Hut und dunkelhäutig."

„Warum seid ihr dunkelhäutig?"

„Um unsere Haut zu schützen. Die direkte Sonneneinstrahlung bekommt uns nicht gut. Bitte folge uns, wir bringen dich in das Reich der Kobolde."

Wir gehen über die Wiese zu einem wunderschönen Mischwald. Die Blätter rauschen im Wind, die Nadeln klappern. Ich lache. Es ist witzig, aber die Nadeln klappern wirklich. Wir betreten den Wald, sein Dach ist fast wie ein Dom geformt. Ein Pfad führt ins Innere, wir erreichen eine herrliche Lichtung. Auf ihr stehen viele kleine Hütten, die mit grünem Schilf oder Gras gedeckt sind. Die Hütten sind rund, haben runde Fenster und runde Türen. Sie stehen in einem Kreis. In der Mitte des Kreises wird gerade ein Feuer angezündet. Rund um das Feuer wachsen Bänke aus der Erde. Aus den Hütten strömt das Volk und alle setzen sich um das Feuer. Die erste Reihe haben sie freigelassen. „Die ist für euch", laden sie uns ein.

Wir schlängeln uns durch die Bankreihen und müssen aufpassen, dass wir die Kobolde nicht treten, denn sie sind klein, aber sie sind auch flink und weichen unseren Füßen aus. Wir setzen uns in die erste Reihe.

Ein lauter Gong ertönt und alle um uns herum stehen auf und jubeln: „Der König und die Königin." Uns nähert sich ein Paar mit einem kleinen Tross. Er trägt einen langen roten Mantel mit Schleppe, sie trägt einen langen blauen Mantel mit Schleppe. Sie ist in Weiß gekleidet und hat blonde Haare, er trägt schwarz und hat dunkle Haare. Beide sind knubbelig wie der Rest des Volkes und wunderschön.

Zwei Throne erscheinen und sie setzen sich darauf. Mit einer Handbewegung bedeuten sie uns, dass wir uns setzen dürfen.

„Wir freuen uns, dass du endlich den Weg zu uns gefunden hast, die Kobolde warten schon lange auf deinen Besuch", begrüßt mich das Königspaar.

„Ich habe eine längere Pause gemacht, aber jetzt schreibe ich ein neues Buch und brauche Material. Seid ihr Naturwesen?", möchte ich wissen.

„Wir gehören dazu, auch wenn wir anders sind als die meisten. Wir geben Pflanzen oder Tieren keine Energie, wir putzen nicht den Wald oder lockern den Boden. Wir machen einfach nur Blödsinn, wie das die Art der Kobolde ist."

„Das verstehe ich jetzt nicht", gestehe ich.

Das Paar lacht **„Wir sind ein lustiges Volk und machen gern Blödsinn. Wir ärgern Menschen und Tiere, aber wir sind auch nützlich. Wir Kobolde haben ein Reich, das von euch meistens nicht wahrgenommen wird. Wir leben in** und um Steinen. Wir unterstützen die Steingeister so, wie die Trolle die Bäume unterstützen."

„Wir helfen den Steingeistern, die Erde zu bauen. Da es nicht immer Arbeit gibt, weil die Erde fast fertig ist, machen wir Kobolde gern Blödsinn. Wir ärgern aber nur Menschen und Tiere, die es verdienen. Du sagst immer, Tiere sind gut, aber das stimmt nicht, auch im Tierreich gibt es welche, die bösartig sind."

„Was heißt das, ihr helft den Steingeistern?"

„Ein Steingeist ist an seinen Stein gebunden und muss in seiner Nähe bleiben, weil sonst der Stein zerfällt. Wir erledigen Dinge, die weiter entfernt sind. Wir bewegen die Steine für die Steingeister, damit sie dort liegen, wo sie sollen. Wenn uns die Kraft fehlt, obwohl wir sehr kräftig sind, helfen uns die Riesen. Aber im Allgemeinen schaffen wir das allein. Wir haben Magie und können die Steine dorthin bewegen, wohin die Steingeister sie haben möchten. Sie erhalten ihre Befehle von Mutter Erde, aber sie sind nicht so beweglich wie wir. Deshalb sind wir ihre Helfer."

„Wie ist es, wenn Lava aus dem Vulkan austritt, seid ihr daran auch beteiligt?"

„Wenn Lava aus dem Vulkan fließt, wird sie beim Abkühlen zu Stein, ein Teil von Mutter Erdens Bauplan. Wir sorgen dafür, dass der Bauplan erfüllt wird. Wir steuern die Lava dorthin, wo Mutter Erde sie hinhaben möchte."

„Was ist, wenn ein Vulkan ausbricht, weil die Bösen es wollten und nicht Mutter Erde?"

„Dann versuchen wir, die Lava zu bremsen, damit sie kein Unheil anrichtet. Manchmal ist Mutter Erde aber auch kreativ, macht daraus das Beste und baut etwas Neues."

„Ihr seid die Helfer der Steine, das wusste ich nicht."

„Kobolde sind eher bekannt für ihren Schabernack und nicht für das, was sie tun."

„Ich bin erstaunt."

„Wir Kobolde sind überall, weil es überall Steine gibt und immer irgendetwas zu tun ist und wenn wir nur einen Stein aufs Feld legen oder ihn von unten wachsen lassen."

„Auch das macht ihr?"

„Dabei helfen uns die Zwerge. Zwerge, Steingeister und Kobolde gehören zusammen, denn sie arbeiten mit dem Stein. Wir sind die Freunde der Steine, die Arbeiter mit den Steinen."

„Arbeitet ihr auch mit Kristallen?"

„Für Kristalle sind andere Wesen zuständig. Ich glaube, du wirst sie auch noch besuchen."

„Die Steingeister sind also nicht in Kristallen und wie ist das mit den Edelsteinen?"

„Steingeister sind auch nicht in Edelsteinen, sie sind in den normalen Steinen."

„Wie lebt ihr Kobolde?"

„Wir haben Dörfer in den Wäldern und Gebirgen. Ihr seht sie nicht, wenn ihr durch den Wald geht, denn wir verstecken sie und achten darauf, dass wir sie dort errichten, wo kein Mensch hinkommt. Der Weg hierher wurde für dich geschaffen, normalerweise führt kein Weg zu unseren Häusern, das wäre zu gefährlich, sie würden zertrampelt werden. Ihr habt so große, ungeschickte Füße, das hast du gesehen, als wir uns ans Feuer gesetzt haben."

Im Feuer lachen die Feuergeister.

„Ihr habt natürlich recht. Ihr seid so klein und knubbelig, ich finde euch niedlich."

„Danke für das Kompliment."

„Gern. Ich habe ein Geschenk für euch."

„Wir haben schon lange kein Geschenk erhalten, denn die Menschen kommen nicht mehr zu den Kobolden. Früher haben wir zusammengearbeitet Wir haben ihnen geholfen, die Häuser und Ställe zu bauen, denn niemand kann so gut mit Steinen umgehen wie wir – die Zwerge ausgenommen, aber die bauen keine Häuser. Damals hat man uns Geschenke gegeben für unsere Hilfe, aber heute nicht mehr. Es fragt keiner mehr nach uns. Die Menschen können alles selbst und wundern sich, wenn es dann zusammenkracht. Naja, das ist Sache der Menschen. Wir würden gern wieder mit ihnen zusammenarbeiten, aber das ist zurzeit nicht möglich. Wir hoffen, dass du etwas bewegst und die Menschen sich ändern. Es wäre zu schön, um wahr zu sein. Aber jetzt schauen wir in das Paket."

Der König und die Königin packen das Geschenk aus. Im weißen Papier ist ein weißer Karton. Sie öffnen ihn und darin ist eine Kugel aus gelbem Stein.

„Ist die schön! So eine haben wir uns schon immer gewünscht. Sie kommt vor unser Haus, damit jeder weiß, dass dort der König und die Königin residieren. Wir haben kein Schloss, sondern wohnen in den gleichen Häusern wie unser Volk. Wenn uns jemand sucht, der sich im Dorf nicht auskennt, hat er es schwer, uns zu finden. Mit dieser Kugel vor dem Haus weiß jeder, wo wir residieren, und kann mit seinen Problemen zu uns kommen."

„Jeder Kobold kann mit seinen Problemen zu euch kommen?"

„Dafür sind wir da. Wir sind nicht die Herrscher, denn dieses Volk braucht keine. Wir sind so etwas wie Mediatoren. Wenn es Probleme gibt untereinander, mit den Steingeistern oder Zwergen sind wir da oder auch, wenn es Familienprobleme gibt. Wir hören zu, geben Ratschläge, versuchen zu helfen und zu lösen. Wir sorgen dafür, dass unser Dorf zu essen hat. Da helfen uns die Gnome. Auf der Erde unterstützen sich die Naturwesen gegenseitig, denn es gibt keine Hilfe mehr von den Menschen. Es ist ein Geben und Nehmen."

„Jetzt haben wir dir so viele Informationen gegeben und dein Geschenk genommen, dass wir dich verabschieden möchten. Es war uns eine Ehre, dich bei uns begrüßen zu dürfen."

„Und es war mir und meinen Freunden eine Ehre, euer Gast zu sein."

„Ihr seid eine wunderbare Gesellschaft, da haben sich die Richtigen zusammengefunden. Wir sind froh, dass es dich gibt und dass dir deine Begleiter treu zur Seite stehen. Das ist nicht selbstverständlich. Manchmal reisen Menschen in die Anderswelt und haben jedes Mal andere Begleiter. Du hast seit Jahren die gleichen, vielmehr, es werden immer mehr. Darauf kannst du stolz sein. Ich glaube, es wird Zeit, deine Wölfin kennenzulernen. Denn auch sie begleitet dich immer ungesehen, nicht wahr, liebe Freunde?"

„Die Wölfin ist auch da, aber sie will noch nicht von Renate gesehen werden."

„Das wird sich ändern, aber nicht mehr heute. Wir verabschieden dich und herzlichen Dank für die Kugel, von der jetzt alle wissen, wo wir residieren."

Sie erheben sich, das Volk erhebt sich ebenfalls und applaudiert. Es ist ein sympathisches Volk. Wir bedanken uns noch einmal für den Empfang. Die Abordnung, die uns geführt hat, ist wieder da.

„Wir bringen euch zu den Pferden."

Wie folgen der Abordnung durch den herrlichen Wald, in dem die Tannennadeln klappern und der Wind die Blätter bewegt. Auf der Wiese steht schon meine Pferdekutsche.

„Ich werde dich begleiten", sagt Merlin.

„Hast du Angst, dass wir überfallen werden?", frage ich.

„Es ist lange nichts passiert. Ich bin misstrauisch."

„Ich komme auch mit", sagt El Morya.

„Ich auch", sagt Karl.

„Ich auch", sagt der Illumant.

Alle Männer wollen mich beschützen, ich freue mich darüber, obwohl ich nicht glaube, dass ich Schutz brauche, aber es ist angenehm, sie bei mir zu wissen.

Wir klettern in die Kutsche, schließen die Tür und los geht die wilde Fahrt. Die Pferde sammeln in rasendem Tempo die Energiebänder ein und weiter geht es Richtung Erdboden. In der Ferne sammeln sich Feinde, aber sie sehen, dass ich nicht allein bin und fürchten sich vor meiner Begleitung."

„Gut, dass ihr dabei seid. Ohne euch hätten sie wahrscheinlich versucht, mich zu überfallen", vermute ich.

„Das denken wir auch, wir begleiten dich gern", sagen die Männer.

Wir haben die Bösen hinter uns gelassen und sind in meiner Welt. Der Wagen landet auf der Wiese. Ich steige aus und verabschiede mich.

„Es war schön mit euch. Ich werde bald wiederkommen."

Ich winke ihnen nach, als die Pferdekutsche abhebt, und komme zurück in meine Welt …

Zentauren – Klein aber oho

Eine weiße Taube hat sich auf meine Schulter gesetzt, sie pickt mir zärtlich ins Ohrläppchen.

„Hallo, Renate", sagt sie, „ich soll dir die Zeit vertreiben, bis du abgeholt wirst."

„Eine weiße Taube? Das ist etwas Neues!"

„Du weißt doch, in der geistigen Welt sind wir sehr kreativ."

„Bist du eine Gute?", möchte ich wissen.

„Ja Renate, ich bin eine Gute", antwortet die Taube.

„Bist du wirklich eine Gute?"

„Ja Renate, ich bin eine Gute."

„Bist du wirklich eine Gute?"

„Ja Renate, ich bin eine Gute."

Ich glaube es, denn ich habe drei Mal gefragt. Beim dritten Mal dürfen sie nicht lügen.

„Taube, wie heißt du?"

„Sage einfach: Taube. Ich bin eine Friedenstaube. Ich durchfliege die Äther und versuche, Frieden zu bringen. Es gibt viele wie mich, aber es ist verdammt schwer, der Erde Frieden zu bringen. So wenige bemerken uns, so wenige hören uns zu, aber das ist jetzt nicht das Thema. Ich bin hier, um dich zu amüsieren, weil es etwas dauern kann, bis dein Transportmittel kommt. Wir waren etwas überrascht, dass du heute kommst, nachdem du es für gestern versprochen hattest."

„Gestern hatte ich Probleme mit meinem Diktiergerät. Ich war nicht sicher, dass es funktioniert und ich die Reise aufnehmen kann", antworte ich.

„Wir haben es mitbekommen und dich verstanden. Ah, siehst du es?"

Ein langer Drache kommt durch die Luft geflogen, den kenne ich nicht.

„Mit dem Drachen bist du noch nicht geflogen. Du hast die Feuerdrachen kennengelernt, dies ist kein Feuerdrache", sagt die Taube.

„Er sieht schlangenförmig aus", stelle ich fest.

„Er ist sehr lang und braucht keine Flügel, um zu fliegen. Siehst du das?"

„Wie fliegt er denn?", möchte ich wissen.

„Er benutzt Luftblasen in seinem Körper und steuert mit dem Schwanz."

„Hallo, habt ihr über mich gesprochen?" Der Drache ist gelandet und gesellt sich zu uns.

„Ja, Drache, wir haben darüber gesprochen, wie du ohne Flügel fliegst", antworte ich.

„Die Taube hat dir sicherlich schon gesagt, dass ich mit Luftblasen arbeite. Wenn ich sie aufblase, bin ich leichter und kann fliegen und wenn ich die Luft herauslasse, bin ich schwerer und kann landen."

„Das geht so einfach?"

„Das geht ganz einfach. Ihr Menschen könntet das auch mit euren Flugzeugen, aber ihr seid zu dämlich."

„Sage das nicht zu laut, das könnte jemand glauben", amüsiere ich mich.

Die beiden Tiere lachen. Die Taube wendet sich an mich: „Liebe Renate, dein Transportmittel ist da. Ich lasse dich allein. Vielleicht bin ich noch da, wenn du zurückkommst. Grüße mir die Geistige Welt und deine Gastgeber."

„Danke Taube, für die Unterhaltung. Es ist gut zu wissen, dass es Friedenstauben gibt, die versuchen, der Menschheit Frieden zu bringen. Mach's gut."

„Drache, soll ich auf dir reiten?", frage ich mein Taxi.

„Ich bitte darum."

„Und ich falle nicht herunter?"

„Wann bist du schon einmal von einem Transportmittel heruntergefallen?", fragt er missbilligend.

„Du hast natürlich recht. Was für ein Drache bist du?"

„Ich bin ein Schlangendrache." Er lacht. „Ich gehöre zu den Pflanzenfressern und brauche kein Feuer zu speien. Ich bin ein Drache im Dienst der Anderswelt, ein Taxi-Drache, wenn du so möchtest."

„Gibt es noch mehr Taxi-Drachen?", frage ich interessiert.

„Es gibt viele Taxi-Drachen, aber jetzt setze dich auf meinen Rücken und lasse dich überraschen, wo es hingeht."

Ich steige in der Nähe des Halses auf und versuche, mich so gut es geht festzuhalten. Der Drache hebt ab und ist blitzschnell im blauen Himmel. Es macht Spaß, auf ihm zu reiten. Wir umkreisen die Erde und legen Energiebahnen. Ich weiß, dass es der Erde guttut. Ich liebe diese Erde so sehr und ich liebe den Drachen, auf dem ich reite.

Wir sind mit den Energiebahnen fertig und in der Anderswelt, ich habe den Vorhang gespürt. Sternchen sitzt auf einmal auf meiner Schulter.

Der Drache rast auf ein Gebirge zu, das mit Eis überzogen ist. Es sieht wunderschön aus. Das Gebirge kommt näher, der Drache steuert ein Flusstal an und folgt dem Lauf des gefrorenen Wassers. Die Reise ist etwas langsamer geworden, denn bei den Felswänden zu beiden Seiten des Flussbetts ist sie nicht ungefährlich, aber der Drache ist ein sicherer Pilot. Ich habe keine Angst.

„Musst du auch nicht, er ist der beste Taxi-Drache der Anderswelt", beruhigt mich Sternchen.

Es ist wunderschön hier und erstaunlicherweise friere ich nicht, so kann ich die Eislandschaft genießen.
Der Drache lacht. „Wir wollen ja nicht, dass du dich erkältest."

Vor uns sehe ich in dem Eisfeld eine Gras-Oase mit Bäumen und Pflanzen, in der ein Dorf steht. Der Drache setzt zur Landung an, schliddert auf dem zugefrorenen Fluss auf die Oase zu und legt sachte an. "Steig ab."

Meine Begleiter kommen auf mich zu, wir umarmen uns.

„Großartig, dass du wieder da bist. Wir haben hier auf dich gewartet, denn wir wussten, wenn du auf dem Drachen fliegst, kann dir nichts passieren. Es ist schön, dich zu sehen."

„Ich freue mich von Herzen, dass ihr alle da seid. Wo sind wir?"

„Das wirst du gleich erfahren." Sie nehmen mich in die Mitte. Merlin und Lillie halten meine Hände und wir gehen zu dem Dorf in der grünen Oase. Die Hütten sind rund und in der Mitte steht – ja, was steht da? Ein Mini-Tempel! Er sieht aus wie der Tempel auf der Akropolis in klein. Das sieht merkwürdig aus, ein kleiner Tempel und große Häuser. Wir gehen auf den Mini-Tempel zu. Um ihn herum stehen Bänke, auf denen wir Platz nehmen. Wir sehen niemanden, die Häuser scheinen leer zu sein.

„Die Häuser sind nicht leer."

Aus dem Mini-Tempel erscheint eine nur wenige Millimeter große Gestalt, die langsam zu Menschengröße heranwächst.

„Renate, ich begrüße dich und deine Begleiter in der Welt der Zentauren."

„Aber du siehst gar nicht aus wie ein Zentaur", bemerke ich erstaunt

„Müssen die Zentauren so aussehen, wie du sie von Darstellungen her kennst, halb Mensch, halb Pferd? Nein, so müssen die Zentauren nicht aussehen. Sie sehen aus wie ich. Sie sind klitzekleine Wesen, die sich jede Form geben können."

„Eure Ursprungsform ist klitzeklein?"

„Wir sind klitzekleine Wesen, so passen wir in jede Ritze und können unser Werk verrichten. Große Wesen mit Pferdegestalt und Menschenkopf, wie du sie von den Abbildungen kennst, sind wir nur, wenn wir einen Auftrag in der Menschenwelt haben, damit die Menschen uns erkennen."

„Ihr habt Aufträge, die ihr in der Menschenwelt ausführen müsst?"

„Es sind Aufträge der Götter. Wir stehen im Dienst der Götter und sind so klein, damit wir alles regeln können, damit wir in jede Ritze passen, unter jede Baumrinde und jeden Kieselstein, so wie es die Götter von uns verlangen."

„Zu welchen Göttern betet ihr?".

„Wir beten zu Isis, sie ist die Mutter der Zentauren. Die Zentauren sind vor allem in der griechischen Mythologie aufgetreten, aber es gab sie schon früher, in Ägypten, in Sumer, sie sind so alt wie die Erde."

„Wir bekommen viele Aufträge von Mutter Erde, zum Beispiel eine Lawine auszulösen. Das können wir außerordentlich gut, weil wir so klein sind. Wir können Gänge freilegen, um das Gestein unter dem Schnee zu lösen, damit er ins Rutschen kommt. Mutter Erde will im Moment Naturkatastrophen, sie will, dass es Lawinen und Erdrutsche gibt, damit der Mensch endlich aufwacht und aufhört, das Klima zu verändern. Die Unglücke sind ein Warnruf von Mutter Erde. Wenn ihr ihn nicht hört, wird es schlimm werden. Dann ist es nicht Mutter Erde, die euch bestraft, sondern ihr bestraft euch selbst. Hört den Weckruf von Mutter Erde und hört auf, die Erde zu quälen, die Luft, die Ozeane und Böden zu verpesten."

„Bekomme ich wieder eine Standpauke für die Menschheit?"

„Ja, du bekommst wieder eine Standpauke. Ich weiß, dass du es schon oft gehört hast, aber es muss in die Köpfe gehämmert werden. All die Lawinen, Erdrutsche, der Schnee, die Fluten, das Feuer und die Trockenheit sind Warnrufe von Mutter Erde. Hört auf diese Warnrufe. Wacht auf! Das sagen euch die Zentauren."

„Ich danke dir für deine aufrüttelnden Worte und ich hoffe, dass die Menschen sie hören und begreifen. Ich muss gestehen, ich bin auch ein Klimaschädling."

„Bei dir hält es sich in Grenzen. So wie du mit den Dingen umgehst, ist es für die Menschen erlaubt. Aber Kohlekraftwerke, Atomkraftwerke, Massentierhaltung – all das schadet dem Klima. Esst nicht so viel Fleisch, esst mehr Pflanzen. Sprüht aber nicht so viel Gift auf die Pflanzen. Erst sterben die Insekten und Vögel und dann die anderen Tiere und danach seid ihr Menschen allein mit euren vergifteten Pflanzen. Wie kann sich eine Gesellschaft nur selbst vergiften?"

„Die Gifte rufen Krankheiten hervor. Aber diejenigen, die die Gifte produzieren, haben auch die Medizin und sie wollen nicht, dass die Menschen gesund werden. Sie werden euch nie eine Medizin verkaufen, die wirklich hilft. Sie verkaufen nur Medizin, die lindert und die man immer wieder kaufen muss, weil man ohne sie wieder Probleme bekommt. Bei euch geht es immer nur um Geld. Ich hoffe, die Friedenstauben bewegen die Herzen der Menschen – gerade der Mächtigen, die die Menschheit in der Hand haben. Wenn sie ihre Hand schließen, zerquetschen sie euch, aber das wollen sie nicht, denn sie wollen Geld verdienen. Ich weiß nicht, wozu ein Mensch so viel Geld braucht."

„Was macht ihr noch für Mutter Erde?"

„Wir lösen nicht nur Unglücke aus, sondern verhindern sie auch. Wenn die dunklen Kräfte etwas in Gang setzen, versuchen wir, das zu verhindern, denn Mutter Erde hat einen Plan bei allem, was sie macht. Die Feinde sind kontraproduktiv und deshalb müssen wir sie stoppen. Leider gelingt es nicht immer, denn sie werden stetig stärker. Die Energie der Menschen füttert das Böse und das ist nicht gut."

„Ihr müsst an das Gute denken und glauben, dann stärkt ihr die Guten und nicht das Böse. Eure Berichterstattung ist falsch. Sie hebt immer das Schlechte hervor, sie sollte das Positive betonen. Nicht soundso viele Tiere im Maststall sind schrecklich, sondern weniger Tiere sind gut. Das ändert das Denken und wenn sich das Denken ändert, ändern sich die Energien. Es ist so wichtig, dass wir wieder positive Energien von der Erde bekommen. Im Moment bekommen wir negative und rundherum wird alles schwarz. Du hast es bei den Elben gesehen, so wird es allmählich in allen Reichen und das geht nicht! Ihr zerstört mit der Erde auch die Anderswelt, wie du sie kennst. Auch wir möchten leben. Deshalb: Rettet die Erde und rettet damit die Anderswelt, die mit eurer Erde verbunden ist. Die Welt der Zentauren, der Elfen, der Engel ..."

„Das hast du sehr beeindruckend formuliert."

„Ich danke dir."

„Warum habt ihr so große Häuser und so einen kleinen Tempel?"

„Die Häuser sind nicht für uns, sondern für Gäste, die längere Zeit bei uns bleiben. Wir sind sehr gastfreundlich. In der Vergangenheit kamen ab und zu Menschen, die für einige Zeit geblieben sind und von uns gelernt haben. Zentauren sind nicht nur klein, sondern auch weise. Von uns kannst du viel lernen. Es würde mich freuen, wenn du wiederkommst und wir dich in die Weisheit der Zentauren einweihen können. Die Zeit haben wir heute nicht. Hast du noch Fragen?"

„Du sagtest, ihr betet zu Isis, habt ihr bestimmte Rituale?"

„Die Rituale kommen wie bei dir aus dem Herzen. Alles, was aus dem Herzen kommt, ist richtig. Rituale braucht man nur, wenn man nicht aus dem Herzen arbeitet oder wenn man schwarze Magie betreibt. Für wahren Glauben und weiße Magie brauchst du keine Rituale, da reichen ein reines Herz, der Wille und der Wunsch, der aus dem Herzen kommt und es geschehe."

„Ich danke dir für diese Auskunft, Zentaur. Dass ihr so klein seid, fasziniert mich. Aber ihr könnt ja jede Gestalt annehmen."

„So klein sind wir nur in unserem Reich."

„Warum ist euer Reich mitten im Eis?"

„Weil wir so klein sind, sind wir sehr gefährdet. Wir haben uns deshalb hierher zurückgezogen, wo uns kaum jemand findet."

„Ihr müsst euch vor den Handlangern des Bösen verstecken?"

„Das Böse entführt gern Zentauren und setzt sie für seine Zwecke ein. Wir sind die Besten, um die Nähte zu trennen, die das Gestein oder den Schnee mit Mutter Erde verbinden. So könnte man es nennen, wir trennen die Nähte und sind deshalb so klein."

„Ich bin immer wieder erstaunt darüber, was ich erfahre. Das hätte ich von den Zentauren nie gedacht, weil sie immer als groß, edel und weise dargestellt werden."

„Das sind wir auch, aber unsere eigentliche Aufgabe hast du gerade kennengelernt. Vielleicht sind wir so weise, weil wir diese Unglücke hervorrufen, so edel in den anderen Werken, die wir verrichten – als Ausgleich zu dem, was wir sonst machen. Wir sind nicht böse, wir folgen nur den Weisungen von Mutter Erde. Wir arbeiten gern für Mutter Erde, denn sie weiß immer genau, was richtig ist, selbst wenn es den Menschen schadet. Sie möchte nicht so enden wie Mutter Mars oder Mutter Venus." [17]

„Liebe Renate, das war es für heute. Du hast wieder viel gelernt und deine Leser werden erstaunt sein über das, was du ihnen zu berichten hast."

„Das denke ich auch, genauso erstaunt wie ich." Ich lache.

„Da kommt dein Drache. Verabschiede dich von deinen Freunden, sie brauchen dich nicht zu begleiten, denn wir glauben nicht, dass das Böse auf dich wartet. Dafür ist der Drache zu schnell. Sie haben kein Mittel, ihn zu stoppen."

„Ich danke dir, Zentaur."

Wieder ist er einige Millimeter groß und verschwindet im Tempel.

„Was sagt ihr, meine Freunde?"

„Das war sehr interessant. Wir danken dir, dass du uns mitgenommen hast."

„Ich nehme euch gern mit. Jetzt verabschiede ich mich. Er sagte, es droht keine Gefahr."

„Ich bin noch nie auf einem Drachen wie diesem geritten", sagt Merlin, „ich werde dich begleiten, weil es mir Spaß machen wird."

„Darf ich mitreiten?", fragt er den Drachen.

„Du darfst, zwei Leute schaffe ich glatt. Ich schaffe auch mehr", antwortet er freundlich.

„Dann verabschiede ich mich von dem Rest. Es war mir eine große Freude, euch zu sehen", wende ich mich an meine Begleitung.

„Bis zum nächsten Mal, Renate. Mache es gut." Sie winken.

Ich schwinge mich auf den Drachen und Merlin setzt sich hinter mich. Los geht's. In rasendem Tempo durchfliegen wir das Flusstal mit dem gefrorenen Wasser und schon haben wir die Eiswelt verlassen und umrunden unseren Planeten Erde. Wir sammeln die Energiebahnen ein. In der Ferne sehe ich das Heer der Bösen, aber sie haben keine Chance gegen meinen Drachen.

„Macht es dir Spaß, Merlin?", frage ich.

„Es ist herrlich, du kannst mich öfter auf deinen Reittieren mitnehmen", lacht er.

Die Energiebahnen sind aufgelöst und der Drache fliegt meinem Startplatz entgegen. Er wird langsamer und landet ganz sacht. Ich steige ab und streichele ihn. Ich reiche Merlin meine Hand, denn er muss wieder zurück.

„Lieber Merlin, es war mir eine Freude, dich bei mir zu haben."

Er drückt mir einen Kuss auf die Stirn und fort sind sie. Ich stehe auf meinem Startplatz und komme zurück in meine Welt …

Schlusswort

Als ich an diesem Buch gearbeitet habe, war ich immer wieder darüber erstaunt, was ich in der Anderswelt erlebt und erfahren habe. Wenn ich von einer Reise zurückkomme, habe ich bereits das meiste von dem, was ich gesehen und gehört habe, vergessen. Das ist in der Trance normal, deshalb lasse ich das Diktiergerät mitlaufen.

Ich hoffe, dass ich Sie zum Staunen und vielleicht auch zum Nachdenken angeregt habe und dass dieses Buch dazu beiträgt, die Natur, Mutter Erde und die Geschichte der Menschheit mit anderen Augen zu sehen und achtsamer den Pfad des Lebens zu gehen.

Sie können die Berichte natürlich als reine Phantasie abtun, aber eines sollten Sie mitnehmen: Das Schicksal der Erde und die Zukunft der Menschheit liegt in unserer Hand. Die Götter, Natur- und Lichtwesen und alle guten Andersweltbewohner warten darauf, dass wie sie bitten, gemeinsam für das goldene Zeitalter zu arbeiten. Es liegt bei jedem von uns, die Zukunft positiv zu gestalten.

Die Autorin

Renate Strang, Jahrgang 1953, lebt in Niedersachsen. Während ihres Studiums der Geophysik in Clausthal-Zellerfeld entdeckte sie ihre Begabung für das Schreiben und wechselte als Texterin in eine Werbeagentur. Seit 1980 ist sie selbständige Werbetexterin und hat nebenbei viele Jahre als Journalistin gearbeitet. Auch das kreative Schreiben liegt ihr. In verschiedenen Anthologien sind Gedichte und Kurzgeschichten aus ihrer Feder erschienen.

Neben dem Schreiben ist das Fotografieren ihr Hobby, bei dem sie sich als gute Beobachterin auszeichnet.

Die Liebe zur Natur hat Renate Strang von Kindesbeinen an begleitet und spiegelt sich in ihren Fotos und Gedichten wider. Sie hat die Gabe, Elfen, viele Naturwesen und Bewohner der Anderswelt zu fotografieren. Diese Entdeckung, gepaart mit der Fähigkeit, Elfen, Naturwesen und weitere feinstoffliche Wesen in unserer Welt real zu sehen, haben ihr Weltbild und ihr Leben verändert. Es ist geprägt von einer tiefen Spiritualität und dem Glauben an eine vielfältige und vielschichtige Welt und Götterwelt.

Auf ihren Reisen in die Anderswelt besucht sie bekannte und unbekannte Reiche und deren Bewohner. Sie hat den Wunsch, sie den Menschen näherzubringen – als einen Beitrag für Frieden, Glück, Achtsamkeit und Zufriedenheit auf dem Planeten Erde.

Kontakt: kontakt@renate-strang.de

Anmerkungen

[1] Shambhala ist ein mythisches Königreich, von dem heute viele Esoteriker glauben, dass dort die Weiße Bruderschaft zu Hause ist, eine Vereinigung aufgestiegener Meister.

[2] Illumanten sind Lichtwesen, deren Existenz in Vergessenheit geraten ist. Sie helfen den Menschen, Wissen und Erleuchtung zu erlangen, müssen aber gerufen werden (siehe „Götter, Engel, Lichtgestalten").

[3] Padre und Madre Universalis sind die höchsten Götter des Universums. Weil niemand mehr an sie glaubte und zu ihnen gebetet hat, sind sie eingeschlafen. Dem Rat eines Baumes folgend habe ich die beiden Götter im Jahr 2015 geweckt (siehe „Götter, Engel, Lichtgestalten").

[4] Über die Götter habe ich in „Götter, Engel, Lichtgestalten" berichtet.

[5] Ich hatte eine Zeit lang einen Troll als Mitbewohner, den ich ab und zu gehört und gesehen habe. Es war knapp 5 cm hoch, bräunlich, hatte lange, dünne Arme und Beine und war leicht durchscheinend.

[6] Siehe „Elfen, Götter, Feuergeister"

[7] Riesen zerstören Bäume und Steine, um Platz für Neues zu schaffen.

[8] Siehe „Elfen, Götter, Feuergeister"

[9] Siehe „Götter, Engel, Lichtgestalten"

[10] Man stellt sich zu dem Baum, hebt seine Hände gen Himmel, betet zu seinem Gott oder seiner Göttin und bittet darum, den Baum zu heiligen. Man sieht es nicht, aber aus dem Himmel kommt ein Blitz, um den Baum zu aktivieren. Das kann jeder, der es mit reinem Herzen macht. Man braucht nur die Verbindung zum Göttlichen. Wer nicht glaubt, wird den Baum nicht heiligsprechen können.

[11] In manchen alten Texten gilt Lilith als erste Frau Adams. Sie war wie er aus Erde erschaffen und wollte demgemäß gleichberechtigt sein. Das gefiel weder Adam noch dem Gott der Bibel und Lilith floh. Der Gott beauftragte daraufhin die Engel, alle Kinder Liliths zu töten.

[12] Marmor speichert Wissen, das bei Bedarf abgerufen werden kann – falls man weiß, wie es geht.

[13] Über Atlantis findet sich ein Bericht in „Elfen, Götter, Feuergeister".

[14] Mein Treffen mit Jesus ist in „Elfen, Götter, Feuergeister" erschienen.

[15] Orbs sind Energiebälle, die in der Anderswelt als Taxis dienen.

[16] Jamilina und Jamilo gehören zu den höchsten Göttern im Universum und stehen in der Hierarchie direkt unter Padre und Madre Universalis.

[17] Mutter Mars und Mutter Venus haben auf ihre Planeten nicht gut genug aufgepasst, sodass sie unbewohnbar geworden sind.

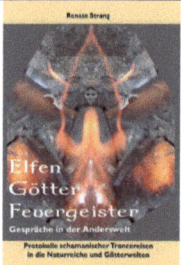

Das Buch enthält Protokolle von schamanischen Reisen in die Naturreiche und Götterwelten. Die Autorin wurde im Schloss der Elfenkönigin empfangen, probierte das Bier der Riesen und schützte sich im Wasserbecken vor der Glut der Feuergeister. Die Erzengel und Götter gewährten ihr Einblicke in ihre Reiche und gaben ihr bewegende Botschaften für die Menschen mit. Höhepunkte sind die Begegnungen mit Maria und Jesus. ISBN 978-3-8482-0662-9

Erleben Sie spannende Reisen in die Anderswelt und nehmen Sie teil an Gesprächen mit Hütern und Helfern der Menschheit. Sie treffen vergessene Götter, bekannte Engel und unbekannte Lichtgestalten. Sie erfahren Bemerkenswertes über persönliches spirituelles Wachstum, das Reich der verstorbenen Seelen, das Weiße Universum u.v.m. Den Abschluss bildet ein Gespräch mit Jehova und Allah und ihrem Appell: „Vertragt Euch!". ISBN 9783748107644

Dieses Buch möchte Sie davon überzeugen, dass es Elfen wirklich gibt. Es erzählt von den Aufgaben der Elfen auf der Erde, von ihrer Heimat in der Anderswelt und erklärt, was und wie die Naturwesen wirklich sind. Die Autorin hat die Gabe, gelegentlich Elfen zu sehen, mit ihnen zu reden und vor allem, sie zu fotografieren. Anhand von 68 Original-Elfenfotos gibt sie einen kleinen Einblick in die faszinierende Vielfalt der wunderbaren Wesen. ISBN 9783748107729

50 gespiegelte Fotos von Bäumen entführen in einen Kosmos jenseits unserer Wirklichkeit. Durch das Spiegeln werden Gesichter, Gestalten und Ornamente sichtbar, die zum Träumen und Meditieren einladen. Lassen Sie Ihrer Phantasie Flügel wachsen … Zu den Fotos hat die Autorin bekannte und weniger bekannte Gedichte und Texte von Goethe, Rilke, Heine u.v.m ausgewählt, die zum Geist des abgebildeten Baumes passen. ISBN 978-3-8448-9582-7